Práticas pedagógicas
para o **século XXI**

Dados Internacionais de Catalogação na Publicação (CIP)
(Câmara Brasileira do Livro, SP, Brasil)

Lira, Bruno Carneiro
    Práticas pedagógicas para o século XXI : a sociointeração digital e o humanismo ético / Bruno Carneiro Lira. – Petrópolis, RJ : Vozes, 2016.

    Bibliografia.
    ISBN 978-85-326-5217-1

    1. Aprendizagem 2. Ensino 3. Inclusão escolar 4. Interação professor-aluno 5. Interdisciplinaridade 6. Prática pedagógica 7. Professores - Formação 8. Tecnologias de Informação e Comunicação (TIC's) I. Título.

16-00282   CDD-371.3

Índices para catálogo sistemático
1. Práticas pedagógicas : Educação 371.3

Bruno Carneiro Lira, OSB

Práticas pedagógicas para o **século XXI**

A SOCIOINTERAÇÃO DIGITAL e
O HUMANISMO ÉTICO

EDITORA VOZES

Petrópolis

© 2016, Editora Vozes Ltda.
Rua Frei Luís, 100
25689-900 Petrópolis, RJ
www.vozes.com.br
Brasil

Todos os direitos reservados. Nenhuma parte desta obra poderá ser reproduzida ou transmitida por qualquer forma e/ou quaisquer meios (eletrônico ou mecânico, incluindo fotocópia e gravação) ou arquivada em qualquer sistema ou banco de dados sem permissão escrita da editora.

Diretor editorial
Frei Antônio Moser

Editores
Aline dos Santos Carneiro
José Maria da Silva
Lídio Peretti
Marilac Loraine Oleniki

Secretário executivo
João Batista Kreuch

Editoração: Flávia Peixoto
Diagramação: Sandra Bretz
Capa: Omar Santos

ISBN 978-85-326-5217-1

Editado conforme o novo acordo ortográfico.

Este livro foi composto e impresso pela Editora Vozes Ltda.

*A educação tem o poder
de transformar uma vida,
uma comunidade, um
país. Ela é o caminho
para uma revolução.
Sem ela, as perspectivas
e os sonhos morrem e
apenas especulações
podem ser ditas. Com
ela, as perspectivas e os
sonhos ganham vida e
um novo cenário pode ser
vislumbrado*[1].

---

1 LINS, Rafael Camelo. *In mimeo.*

Dedico aos professores do século XXI

E aos educadores que me influenciaram no passado:
Padre Osvaldo Chaves,
Raimundo Nonato Arcanjo e
Lúcia Sobreira

Como também, nos dias de hoje:
Ana Maria Freire Silva
Conceição Rocha Damascena
Rose Kelly L. de Santana Alves
Teresa Cristina da R. Ferraz

[...] Lendo na capa o seu nome, falei que o conhecia, quando, prontamente, ela ma presenteou. Gostei de todos os textos e, com especial carinho, do que foi publicado, referendando seus compromissos como professor e sacerdote [...]. Quanto aos livros, ainda não os li na forma do merecido. Gosto de estudar o que leio, mas confesso que quase nada fiz, senão alguns relances... Andei caminhando no Reflexões Linguísticas, *nada mais que isso. Apresentação bem-elaborada, passo a passo, no tocante aos conteúdos que já oferecem sementes para uma aprendizagem.*
Maria Stella Façanha Costa[2]

---

2 Primeira professora a lecionar Língua Portuguesa no Liceu do Ceará e apreciadora da boa escrita. Apaixonada pela norma linguística, tão necessária para garantir a unidade da língua. Amiga de discussões teóricas. Enviou-me esse e-mail em 29/10/2014.

Agradeço ao Professor Francisco Galvão o prefácio desta obra.

Sumário

Prefácio, 11

Introdução, 15

1 Protagonismo pedagógico – Panorama das diversas práticas docentes, 21

    1.1 Do behaviorismo ao construtivismo, 23

    1.2 Do construtivismo ao sociointeracionismo, 27

    1.3 As práticas pedagógicas na história do Brasil, 30

2 A profissão de ensinar, 35

    2.1 Ensino e aprendizagem: a troca dos saberes, 36

    2.2 Identidade profissional: o professor em constante mudança, 39

3 O trabalho do professor na perspectiva sociointeracionista, 43

    3.1 O compromisso com a inclusão social, 46

    3.2 A prática interdisciplinar, 48

4 Formação do professor e as novas tecnologias – A linguagem nas redes sociais, 53

5 A escola parou? – A construção do currículo para o século XXI, 74

6 A inclusão na escola do século XXI, 83

7 O professor do século XXI – Novos rumos, 97

8 Para concluir, 113

9 Referências, 121

10 Anexo, 124

Prefácio

Terminei, por enquanto, a viagem pelo simples e complexo caminho da pedagogia educacional, que se iniciou nos tempos primórdios, com destino ao século XXI.

Quiçá houvesse mais tempo, mas o tempo que nos instiga a vida inteira, não tem preço nem dono.

Dom Bruno instiga-nos a fazer essa caminhada. Colega de faculdade, onde lecionamos nossas disciplinas aos alunos (?) – desculpe a interrogação –, do tempo atual, num esforço enorme para se conseguir um bom resultado.

É a segunda honraria que Dom Bruno me proporciona: a primeira quando lhe pedi para prefaciar o meu livro *No Banco de Deus*, o que ele fez de forma primorosa; e esta segunda ao me pedir para prefaciar o seu livro *Práticas pedagógicas para o século XXI – A sociointeração digital e o humanismo ético*. Foi muita coragem dele...

Com rara sensibilidade e aprofundamento no contexto explanado, Dom Bruno nos remete à premente necessidade de mudança do estágio atual em que vivemos na educação, principalmente do ensino superior, embora se refira ao ensino de um modo geral, para uma sistemática efetiva de educação-aprendizado, a fim de enfrentar o futuro de uma forma aberta, inteligente, e extremamente necessária, para se obter aquilo que é a meta principal da educação: o efetivo aprendizado de forma holística como bem ele o diz. E nós, professores, temos o dever profissional de estarmos nos reciclando e nos atualizando sistematicamente para acompanhar a evolução dos tempos em todos os sentidos deste século XXI.

Sim, a educação tem de deixar de ser o *modus operandi* dos dias atuais. O *blá-blá-blá* está simplesmente ultrapassado. A educação deve ser feita com a razão daquilo que se ensina. O porquê disso, o porquê daquilo etc. etc., é que gera a discussão. E da discussão vem a luz, como diz o filósofo. Sócrates assim o fazia, mesmo nada tendo escrito, assim dizem seus biógrafos. O âmago das questões deve ser discutido. Tudo tem uma razão de ser, buscar essa razão é o essencial para a aprendizagem. Fortalece a educação e lhe dá clareza.

Mudanças radicais nos corpos discentes e docentes têm de ser feitas. Todos os atores devem participar efetivamente, juntamente com as próprias instituições de ensino, por meio de seus gestores, que devem priorizar essa nova visão da educação. A área governamental deve ter um papel fundamental em relação a esse objetivo, comandando o processo de ensino-aprendizagem. A educação não pode caminhar para trás, muito menos ficar estagnada, como a vemos nos dias atuais. Seu objetivo é de uma importância enorme, pois é a base estrutural de um país.

Dom Bruno assim o diz, quando se refere a "um Brasil alfabetizado, interativo e inclusivo..." E é nessa linha que nós docentes devemos palmilhar para sermos partícipes desse objetivo. Nossa importância é tão grande nesse sistema que nem nós mesmos sabemos o seu alcance.

Li, recentemente, uma decisão judicial sobre o processo que um aluno moveu contra o seu professor, que havia lhe tomado o telefone celular, enquanto ele o usava em meio à explanação do seu mestre. O juiz, além de dar ganho de causa ao professor, destacou a sua importância em sala de aula, repudiando toda e qualquer ação que venha a lhe prejudicar em seu ofício sacerdotal, dentro dos princípios éticos e profissionais.

Sábia decisão.

Dom Bruno, ao mencionar a prática interdisciplinar, ele o faz com muita clareza. Essa prática, tão desprezada pelos alunos, tem uma importância fundamental na base do ensino-aprendizagem. Focar em um só conteúdo disciplinar é um erro crasso do aluno. Ora, diz o aluno: "Eu estudo contabilidade, ou direito, ou economia, para que eu quero saber de filosofia, antropologia, pedagogia ou sociologia?" É esse o seu raciocínio, esquecendo-se, de como ele chegou ao mundo, de suas raízes, do sentido da vida e de como aprendeu a falar e andar. Não, não podemos deixá-los nessa santa ignorância. Isso é o que precisa e deve ser mudado para uma melhor educação. A interdisciplinaridade é um leque de opções, pois com ela se descortina uma macrovisão do espaço que o aluno percorre no seu aprendizado. A nós professores cabe mudar essa visão.

Dom Bruno, com seu modo claro e objetivo de transmitir seus pensamentos, nos conduz nesse limiar; o que nos enriquece sobremaneira ao palmilhar as folhas de seu livro *Práticas pedagógicas para o século XXI – A sociointeração digital e o humanismo ético.*

Se nós não fizermos isso para o século XXI, o que se terá conquistado para os séculos futuros?

Certamente Dom Bruno, em seus próximos livros, nos estimulará nesse caminhar.

Prof.-Msc. Francisco de Assis Galvão B. Pinho[3].

3 Bacharel em Ciências Contábeis e Ciências Econômicas pela UFPE; MBA em Controladoria e Administração de Marketing, pela UPE; mestrado em Economia Internacional pela UFPE; presidente da Academia Pernambucana de Ciências Contábeis; membro da Academia Olindense de Letras, do Instituto Histórico de Olinda e membro da União Brasileira de Escritores. Professor universitário.

Introdução

A educação no Brasil e no mundo tem mudado constantemente, sobretudo com o advento das Novas Tecnologias da Informação e da Comunicação (NTICs). Assim, outras opções surgem para uma atuação eficaz do professor para o século XXI. O trabalho pedagógico, agora mais do que nunca, deverá oferecer a oportunidade do desenvolvimento de habilidades e competências contextualizadas conforme as realidades dos educandos, sempre tendo em vista a formação do profissional competente na perspectiva do futuro. Diante das convergências e divergências, dos protagonismos e antagonismos da contemporaneidade, a construção do conhecimento deverá ser coletiva e dinâmica.

Todo leitor é também um coautor. Por isso, as nossas reflexões só adquirirão significado se forem meditadas, aceitas ou refutadas por aqueles que têm em mãos o nosso texto. O intento em apresentar esta obra brotou da necessidade de desenvolver duas linhas de pensamento que cremos ser fundamentais para as reflexões do processo educativo hodierno: a perspectiva sociointeracionista de educação, tendo em vista as novas tecnologias e a inclusão escolar. Para tanto, tomamos como linha mestra a prática pedagógica que é realizada pelo professor, como um dos mediadores principais de todo processo de construção do conhecimento. Portanto, esse ator pedagógico e a sua formação que serão o centro do presente estudo.

A nova visão das relações entre professor, aluno e conhecimento é preconizada na pedagogia do modelo sociointeracionista como sendo de eficácia no processo de construção do saber. A primeira interação enraizada nessa proposta ocorre entre o aluno e o conhecimento socialmente construído. Nela, o ato de conhecer é visto como um conjunto de verdades relativas, resultado de representações que o homem elaborou ao longo da história. Nessa dinâmica interpessoal, o professor não é apenas um transmissor de informações por ele abstraídas e interpretadas, mas o elemento mediador da interação com o aluno durante todo o processo de ensino-aprendizagem.

Ao professor, nesse contexto, é atribuída a função de criar as condições mais favoráveis à aprendizagem do aluno. O ensino, assim, adquire uma nova conotação, buscando um semblante bem mais leve e ameno, deixando de ser, apenas, uma mera transmissão de conhecimentos "verdadeiros e prontos" (que nos livra daquela concepção bancária teorizada por Paulo Freire), tornando-se um processo de elaboração das situações didático-pedagógicas facilitadoras da aprendizagem, constituindo-se da finalidade última do ato de ensinar. Por isso é que o ensino deverá favorecer a construção de relações significativas entre os componentes desse universo simbólico-real.

Sendo assim, a aprendizagem também adquire uma nova vestimenta, bem mais solene, prazerosa e atraente, pois não basta ao aluno adquirir informações isoladas, mas fazem-se necessárias que relações sejam estabelecidas, dando significado à própria aprendizagem. Desse modo, o conceito de aprendizagem significativa vem substituir aquele ultrapassado que vislumbrava a aprendizagem simplesmente como memorização, na qual o aluno deveria reproduzir os livros didáticos e as anotações dos professores, sem estabelecer relações com o cotidiano e sem a mínima preocupação em fazer uma intervenção social a fim de mudar as realidades para melhor. É na relação holística dos saberes e a sua aplicação na vida, os lugares em que repousam a verdadeira cultura.

Sabe-se que, com relação ao fracasso escolar, o professor quase sempre coloca a culpa na falta de base ou no não comprometimento do aluno e da instituição educacional; por sua vez, os alunos apontam a falta de didática dos professores e a insegurança demonstrada por alguns docentes. Não é atribuindo culpas que a problemática será resolvida.

Para fugir desse círculo vicioso de acusações, analisaremos na presente obra, a apropriação do conhecimento numa perspectiva sociointeracionista, buscando indicar um caminho alternativo para uma nova relação do ensino-aprendizagem em que o aluno e o professor são as figuras centrais durante todo o processo de construção do saber.

Dividimos o nosso texto em várias partes interligadas que nos levarão à compreensão de nossa proposta, por meio de uma maneira mais concreta e despreconceituosa, a fim de contribuir com as novas políticas educacionais e de formação do professor na perspectiva das novas exigências do século XXI.

O primeiro capítulo tem por finalidade fazer uma releitura dos vários modelos pedagógicos e das práticas docentes recorrentes deles, passando pela história: dos gregos aos escolásticos até chegar às teorias mais modernas, como o behaviorismo, o construtivismo e a nossa proposta sociointeracionista, sem esquecer-se dos quatrocentos anos de história educativa no Brasil.

Em seguida, trataremos da relação entre ensino-aprendizagem, apresentando o aluno e os professores como parceiros na construção conjunta do saber, numa relação de confiança e troca. Ainda, nessa parte, mostraremos a identidade desse profissional do ensino e como a sua profissão exige constantes mudanças e atualizações.

Já o terceiro capítulo, teve o intento de aprofundar a metodologia sociointeracionista, mostrando os caracteres próprios do professor e do aluno nessa perspectiva, como também o compromisso para com a inclusão social e a prática interdisciplinar dos saberes.

Como vivemos em um mundo globalizado e sofisticadamente informatizado, dedicamos o quarto capítulo a uma reflexão do professor e a maneira de como as Novas Tecnologias da Informação e da Comunicação (NTICs) influenciam em suas práticas pedagógicas, apontando a superação do quadro-negro e, até mesmo do branco, do giz e dos marcadores, perante o mundo da informática, da riqueza dos softwares e das aulas on line. Esses recursos da contemporaneidade são indispensáveis para um bom trabalho pedagógico, sendo instrumentos facilitadores para aquisição e desenvolvimento do saber. Além do mais, vale salientar que a linguagem aparece, nesses novos suportes e gêneros de maneira ressignificada.

No capítulo cinco, trataremos da construção do currículo para o século XXI numa perspectiva significativa que contempla, sobretudo, o multiculturalismo, a interdisciplinaridade, os conhecimentos prévios e os vários contextos sócio-históricos dos estudantes.

No capítulo seguinte, trataremos da efetiva inclusão escolar e de como poderá ser implantada nas diversas realidades escolares, tirando as máscaras de alguns discursos teóricos que não conseguem chegar a uma prática com eficácia.

E antes de finalizar, no sétimo capítulo, apresentaremos uma nova proposta didática para o professor do século XXI, tendo como pano de fundo a sua formação para a pesquisa e para a inovação constante, em uma nova dimensão de se redizer professor a partir das atuais representações sociais. O anexo traz um quadro comparativo das várias correntes didáticas, numa perspectiva histórica, e mostra toda a sua evolução até chegar às novas propostas deste século. Caricaturando o paralelo que procuramos estabelecer entre a visão tradicional e a nova relação entre o professor, o aluno e o conhecimento no contexto da escola, procuraremos mostrar alguns pontos fundamentais dessa relação e de que forma todas as perspectivas, em suas determinadas épocas, puderam contribuir para o processo educativo, muitas vezes com onerosidade, mas também, prazeroso no ato de construção do novo conhecimento. E como diz Freire (2001, p. 74):

> Estamos nesta sala. Aqui funciona um Círculo de Cultura. A sala está organizada de uma certa maneira. As cadeiras, a mesa, o quadro-negro, tudo ocupa um certo lugar na sala. Há cartazes na parede, figuras, desenhos. Não seria difícil para nós organizarmos a sala diferente. Se sentíssemos necessidade de fazer isso, em um pouco tempo, juntos, poderíamos mudar completamente a posição das cadeiras, da mesa, do quadro-negro. A reorganização da sala, em função das novas necessidades reconhecidas, exigiria de nós um pouco de esforço físico e o trabalho em comum. Desse modo, transformaríamos a velha organização da sala e criaríamos uma nova, de acordo com outros objetivos. Reorganizar a sociedade velha transformá-la para criar a nova sociedade não é tão fácil assim. Por isso, não se cria a sociedade nova da noite para o dia, nem a sociedade nova

aparece por acaso. A nova sociedade vai surgindo com as transformações profundas que a velha sociedade vai sofrendo.

O mesmo se dá com relação ao trabalho pedagógico do professor: o seu novo estilo didático, as novas práticas que dispõe, vão se implementando aos poucos, como a semente morta sepultada na terra. No entanto há todo um trabalho de ressurreição que se passa no interior da semente para que ela se torne uma frondosa árvore e alimente todos os seus ramos, aqueles que se abrem para as novas estruturas do saber.

Desejamos que este compêndio seja motivador para novas reflexões em torno da temática, e que sirva de apoio e instrução para aqueles e aquelas que se aventuram em serem professores no século XXI.

1
Protagonismo pedagógico

Panorama das diversas práticas docentes

A história tem nos mostrado um caminho de labutas e de construção no processo de ensino-aprendizagem. O caminho percorrido teve o empenho de homens e mulheres que, no desejo de construir cidadania, utilizaram-se de metodologias adaptadas a cada época, sempre com o intuito de transmitir o conhecimento construído no desejo de favorecer a adaptabilidade e a qualidade de vida dos seres humanos.

Todo método tem o seu valor e contribui para os determinados períodos da história. Se retomarmos a Grécia antiga, encontraremos uma cadeia de filósofos considerados naturalistas, cuja preocupação primeira era conhecer o princípio (*arque*) do universo. Essa preocupação filosófica em descobrir as causas primeiras desembocou na metodologia pedagógica de Sócrates, que ainda é bem atual em nossas práticas didáticas. Esse método chamava-se de Maiêutica, por respeitar as experiências e conhecimentos já adquiridos pelo discípulo (aluno). Sócrates, a partir de perguntas envolventes e utilizando-se de caminhadas, ia instigando os discípulos a fazer suas inferências sobre os conhecimentos já adquiridos até produzir novos conceitos, que serviriam para a melhoria da qualidade de vida da *polis*. De certo modo, esse filósofo já promovia o sociointeracionismo nos primórdios do pensamento filosófico da chamada Escola Peripatética, sendo assim, o protagonista de um determinado modelo de docência.

Na Idade Média surge, junto aos mosteiros, um tipo de ensino que se caracterizava pela reprodução do conhecimento acumulado por meio da cópia manuscrita. Por ser uma verdadeira *escola*, esse tipo de ensino gerou um período filosófico-metodológico, denominado Escolástica.

As escolas desse período histórico, das quais se originaram as universidades, eram eclesiásticas, pois o currículo tinha na sua base os ensinamentos da filosofia e da teologia. No século XI, esses locais notabilizaram-se por concentrar eruditos árabes, judeus e cristãos. Esse intercâmbio de línguas e culturas tornou o lugar propício para o trabalho de tradução, o chamado *translatio studiorum*, ou seja, a transmissão de saberes de árabes e judeus bastante ligada às fontes gregas. O currículo em todas as universidades era baseado no antigo *trivium*, composto pela lógica, a gramática e retórica e no *quadrivium* formado pela aritmética, geometria, música e astronomia. O estudo das artes na universidade levava os estudantes a se aprofundarem no conhecimento do direito, da medicina e da teologia.

Os tradutores preferiam obras que seriam utilizadas no *quadrivium*, medicina e história natural. No currículo dessas primeiras universidades, o estudo da história humana e das línguas era muito negligenciado, voltando-se mais para as necessidades sociais dos professores, médicos, teólogos e advogados. Nesse período, retomam-se os estudos de Santo Agostinho e toda a Patrística, como também, os pensamentos "educacionais" de Santo Tomás de Aquino.

1 Do behaviorismo ao construtivismo

O behaviorismo é, antes de tudo, uma filosofia do comportamento humano. Lira (2006, p. 111) afirma:

> Para Skinner, fundador da Teoria Behaviorista (comportamentalista), o aluno é condicionado, a partir de estímulos externos, a dar uma resposta. Esse estímulo seria uma espécie de reforço (positivo ou negativo) dependendo da realização ou não da aprendizagem. Essa teoria está centrada no treino, eliminando toda a possibilidade de reflexão. Frederic Skinner, preocupado com a aprendizagem em geral, propõe uma Teoria Comportamentalista a partir de condicionamentos. O indivíduo é apresentado como um autômato, um robô, cujo comportamento é modificado por meio de um conjunto de estímulos e respostas, ignorando-se totalmente a consciência e os estados mentais. Em suas experiências com ratos, observou que eles, ao receberem determinado estímulo, mudavam de comportamento e aprendiam. Esse processo era estimulado pelo reforço, que podia ser positivo (como ofertas de queijo) ou negativo (como deixá-los com fome, mas sem chegar a ser um sofrimento físico), opondo-se, assim, à punição.

O professor que opta por esse estilo de prática pedagógica é um treinador. Na década de 1970, todos estamos lembrados daqueles prêmios que recebíamos, quer dos professores ou dos pais, quando tirávamos boas notas ou apresentávamos bons exercícios. Esses prêmios funcionavam, ou ainda hoje podem funcionar, como um reforço positivo, enquanto o castigo aparece como modo de punir os supostos "erros". Desse assunto trataremos posteriormente. Mas, desde já, diremos que o erro deverá ser visto de maneira otimizada, pois é sempre uma tentativa de acerto.

Para o professor behaviorista, o aluno é uma tábula rasa, não sabe nada, e suas experiências e vivências de mundo não têm importância. Aqui, o professor se coloca como dono da verdade irrefutável, o ditador e transmissor dos conhecimentos que, na maioria das vezes, são sem utilidade ou aplicabilidade social, perdendo-se todo o contexto para a ressignificação das aulas e a consequente motivação por parte dos estudantes.

Negligenciando os dons inatos, argumenta que todo o comportamento é adquirido durante a vida do indivíduo e, desse modo, não se preocupa em explicar os processos cognitivos. Apresentando-se como antidemocrático, o behaviorista despreza a relação professor-aluno e preocupa-se, apenas, com os resultados almejados por aquele que detém a força e o poder, no caso, o professor. Essa metodologia é própria da Escola Tradicional.

Numa transição para o construtivismo, como modelo intermediário, citamos a concepção de Noam Chomsky, no que se refere à questão da aquisição e desenvolvimento da linguagem. Para esse filósofo da língua, todos nós já nascemos com uma Gramática Universal (GU) implantada geneticamente em nosso cérebro, cabendo ao professor, apenas, a função de ajudar a desenvolvê-la. Correa (2006), em seu artigo "Aquisição da linguagem: uma retrospectiva dos últimos trinta anos", afirma que "toda criança é, em princípio, capaz de tomar a língua de sua comunidade como língua materna e de adquirir simultaneamente mais de uma língua". Demonstra, assim, a perspectiva de Chomsky no que se refere ao desenvolvimento das potencialidades para conhecer já imersas dentro do ser.

Com a teoria de Jean Piaget, temos o surgimento do construtivismo, também denominado cognitivismo, por enfatizar os componentes da cognição (memória, percepção e intuição) no ato de conhecer. Rompendo com os paradigmas anteriores, Piaget foi um dos primeiros estudiosos a pesquisar cientificamente como o conhecimento era formado na mente. Para isso, estudou o ser humano desde a tenra idade até a adolescência, quando se dá o início das operações de raciocínio mais complexas e abstratas.

Por meio do método clínico da observação, Piaget estabeleceu as bases de sua teoria, a qual chamou de Epistemologia Genética. Ele entende que as relações entre o sujeito e o seu meio constituem uma interação bem radical, de tal modo que a consciência não começa pelo conhecimento dos objetos nem pela atividade do sujeito, mas por um estado diferenciado de onde provêm dois movimentos complementares: um de incorporação das coisas ao sujeito, e outro de acomodação. A partir daqui, tem-se os conceitos fundamentais de sua teoria: interação, assimilação e acomodação.

Essa teoria piagetiana é uma fusão das anteriores, pois ele não acredita que todo conhecimento seja, *a priori*, inerente ao próprio sujeito, como pensam os gerativistas, nem que o conhecimento provenha totalmente de fora, ou seja, das observações do meio que o cerca e dos conteúdos transmitidos, como preconiza o behaviorismo, mas por meio de uma interação individual entre o sujeito e o seu meio, a partir de estruturas já existentes no próprio sujeito. Assim sendo, a aquisição e o desenvolvimento do conhecimento dependem tanto de certas estruturas cognitivas, inerentes ao próprio sujeito, como de sua relação com o objeto.

Essa relação entre sujeito e objeto acontece por meio de um processo de dupla face, o qual Piaget denomina adaptação, que se subdivide em dois momentos distintos: a assimilação e a acomodação, como já citamos acima. A primeira é o conjunto de ações que o indivíduo se apropria para internalizar o objeto, encaixando em suas estruturas cognitivas para uma melhor compreensão. São nessas sucessivas relações (assimilação ou acomodação e vice-versa) que o indivíduo vai se adaptando ao meio externo, por meio de um constante desenvolvimento cognitivo. Por esse processo ser dinâmico e estar sempre em desenvolvimento, recebe o nome de construtivismo, pois os novos níveis de conhecimento estão sendo construídos, permanentemente, por meio das constantes interações entre o sujeito e o meio em que vive.

Apesar de Piaget não ter sido pedagogo nem psicólogo (era biólogo), sua teoria aplica-se a incontáveis campos de pesquisa, incluindo a pedagogia, pois o construtivismo apresenta-se como uma forma de conceber o conhecimento: sua origem e desenvolvimento.

Para Silva (2006)[4], o construtivismo

> aparece como uma teoria educacional progressista, satisfazendo, portanto, aqueles critérios políticos exigidos por pessoas que, em geral, se classificam como de esquerda. De outro, o construtivismo fornece uma direção relativamente clara para a prática pedagógica, além de ter como base uma

---

4 *In mimeo* (sem paginação).

teoria de aprendizagem e do desenvolvimento humano com forte prestígio científico.

O professor construtivista tem uma visão do conhecimento de acordo com a ótica do seu criador (Piaget), segundo a qual todo e qualquer desenvolvimento cognitivo só ocorrerá na forte interação entre sujeito e objeto. O construtivismo retira o poder de autoridade do "mestre", transformando-o de todo poderoso e detentor do saber em um educador que aprende junto com o educando. Mais do que repassar conhecimentos, a função do professor é facilitar, liberar a curiosidade, levar os alunos ao interesse, à exploração, reconhecendo que no mundo tudo se encontra em mudança e que as verdades observáveis, na maioria das vezes, são relativas.

1.2 Do construtivismo ao sociointeracionismo

Como vimos na parte anterior, o construtivismo prega a constante relação entre sujeito e objeto para o ato de conhecer, mas tal interação ocorre de modo individual. O sujeito constrói o *seu* conhecimento e o transforma para o *seu* mundo.

O sociointeracionismo, nascido da teoria de Vygotsky, preconiza a relação do sujeito com o objeto e dos sujeitos entre si, *de maneira conjunta*. Assim, a construção do conhecimento é perpassada por todos que tomam parte do meio escolar: professores, alunos, psicólogos, secretários, serventes, pais, direção, estagiários... Todos são mediadores e mediados. Vygostsky (1998) postulava que os processos psicológicos superiores apareciam, primeiramente, nas relações sociais sob a forma de relações interpessoais, passando, posteriormente, para processos intrapessoais ou individuais. Para ele, a origem social dos processos psicológicos superiores provém da mediação feita pelos instrumentos, que podem ser físicos (ferramentas que controlam o ambiente) ou psicológicos (signos, em especial, a linguagem), sendo uma relação ativa e transformadora.

A aprendizagem, portanto, acontece inserida no meio social dos indivíduos com possibilidades criadas pelas constantes mediações do sujeito e de determinado contexto sócio--histórico que o rodeia. Para que o aprendizado ocorra de fato, faz-se necessário que os conteúdos ensinados aos estudantes tenham significado e que possam criar novas potencialidades como fontes futuras de significados em um processo contínuo e dinâmico de ressignificação. Isso ocorre quando o currículo é elaborado a partir da realidade dos discentes, pois é no cotidiano que eles vão aplicar os novos conhecimentos.

Os sentidos construídos pelos alunos são resultados de interação de vários componentes: o próprio aluno, o conteúdo e o professor. O estudante se apresenta como um elemento ativo na construção de seu conhecimento, por meio do contato com o conteúdo e da interação feita com o grupo. O professor é o mediador responsável pela orientação da construção dos novos significados, determinando, a partir das curiosidades do aluno, a direção dos conteúdos que não se apresentam enjaulados numa *grade* curricular, e sim numa matriz ou proposta susceptível a mudanças no decorrer do processo.

Vygotsky define dois níveis de desenvolvimento: o real e o potencial (ou proximal). A zona de desenvolvimento real (ZDR) constitui-se da capacidade que as pessoas têm de solucionar problemas sozinhas, ou seja, é o estado de desenvolvimento mental do indivíduo, que já se estabeleceu como resultado de um ciclo completo de desenvolvimento. Aqui o indivíduo (no caso, estudante) já aprendeu. A zona de desenvolvimento potencial (ZDP) é aquela que define as funções que possuem as bases necessárias para serem desenvolvidas, ou seja, é a predisposição do sujeito em aprender. Para Vygotsky (1998, p. 111), a ZDP é:

> A distância entre o nível de desenvolvimento real, que se costuma determinar através da solução independente de problemas, e o nível de desenvolvimento proximal, determinado pela capacidade de resolver problemas através da orientação de um adulto [*professor*][5] ou em colaboração com companheiros mais capazes.

Por ser dinâmica e ocorrer em um meio social com mediação simbólica, uma mesma pessoa poderá possuir vários níveis de ZDP.

Nessa visão metodológica de docência, o aluno é ativo durante todo o tempo do processo, pois constrói e reformula seu aprendizado, incorporando novos conhecimentos a outras situações, isso durante toda vida. Já o professor atua estimulando, incentivando e elaborando atividades que desafiem a tomada de decisão do aluno, que não é mero reprodutor de conhecimento, mas construtor. Essas decisões agem na ZDP.

O professor, nessa perspectiva sociointeracionista, deverá adequar metodologias e recursos pedagógicos para que o objetivo do aprendizado seja atingido num clima de colaboração e respeito. As atividades devem propiciar a criação de sentidos para o conteúdo ministrado. Não deverão ser esquecidas as relações emocionais, devendo o professor prestar atenção nas diferenças individuais e nas necessidades de

---

5 Termo acrescentado por nós.

cada aluno em particular, além de propiciar o contato entre os participantes do grupo estudantil. O docente deverá, ainda, planejar criteriosamente a maneira de ministrar os conteúdos do currículo, bem como as estratégias de ensino. Para tanto é importante considerar os conhecimentos prévios e compartilhados dos alunos, como também, suas opiniões, pois a ZDP é criada na própria interação, em função dos esquemas e conteúdos trazidos para sala de aula pelos próprios mediadores: professores e estudantes.

1.3 As práticas pedagógicas na história do Brasil

Após a chegada dos portugueses, no ano de 1500, tivemos a escola fundada pelos padres jesuítas, com a instalação do primeiro estabelecimento de ensino, em 1549. A prática didática era tradicional, tendo essa escola clássica, como princípio básico a ideia de professor como aquele que age, comandando o ensino, enquanto o aluno é um ser passivo, como afirma a Teoria Behaviorista. Suas regras são baseadas no autoritarismo, como normas disciplinares bem rígidas. As aulas centradas no professor que transmitia os seus conhecimentos como irrefutáveis. Ainda hoje podemos encontrar resquícios da escola tradicional, pois muitos dos professores hodiernos, mesmo professando a escola sociointeracionista, na prática são tradicionalistas. Podemos dizer que, historicamente, a escola tradicional, como paradigma, vai até 1932, quando surge um novo modelo com a escola crítica, a partir do Estado Novo proposto no governo de Getúlio Vargas. Mesmo após a expulsão dos jesuítas pelo Marquês de Pombal, tanto de Portugal como das suas colônias, a chegada de D. João VI e de toda sua corte ao Brasil, em 1808, como também, após a Proclamação da República, em 1889, a tendência da escola tradicional em nada se modificou.

Como dissemos acima, foi em 1932 que se iniciou um movimento com intenções declaradas de mudanças nas tendências do ensino brasileiro, no governo de Getúlio Vargas. Era o início da chamada "escola nova", em que o professor não se comportava mais como um transmissor ativo do conhecimento na perspectiva autoritária, mas assumia o dever de facilitar a aprendizagem. O aluno passa a ser ativo e sujeito no processo de ensino-aprendizagem, tornando-se a escola democrática e para todos (não somente para as classes sociais dominantes).

A escola nova vai de 1932 até a instalação da ditadura militar, em 1964, momento do início da "escola tecnicista" baseada no modelo americano. O professor passa a ser um técnico com eficiência e eficácia. O aluno, por sua vez, um elemento para quem o material "didático" é preparado. O tecnicismo empregado em todas as áreas impede o estudante de ser criativo e pensante, tornando-se, simplesmente, um reprodutor do livro didático e das anotações do professor. Para a escola tecnicista, os alunos aprendiam a exercer o seu papel social, ditado pelos militares que detinham o poder. Nesse período, foram divulgados modelos e métodos educacionais que impressionam e dão contornos às formas de ensinar. Pode-se tudo pelo bem do tecnicismo, exceto a vontade popular de criar e recriar. Foi nesse período que se instalaram os recursos audiovisuais, a instrução propaganda e o ensino individualizado.

Com a queda da ditadura militar, os movimentos democráticos, sobretudo das minorias, eclodiram, e junto com eles, em 1983, iniciou-se a "escola crítica" (teorias críticas do currículo), embalada pelos anseios de liberdade que fizeram retornar ao país muitos de seus cidadãos munidos de novas ideias e novos métodos de ensino. Na escola crítica, em que encontramos as características do modelo sociointeracionista, o professor é o educador/parceiro que direciona a forma de aprendizagem com participação concreta do aluno. Este, por sua vez, é um cidadão que faz, cria e recria a história; um verdadeiro construtor de conhecimento. A escola é valorizada em sua totalidade e encontra-se, novamente, aberta para todas as camadas sociais da população, portanto, uma escola inclusiva.

Na "escola crítica", existe uma articulação entre o educador e o educando, e o conteúdo programático é construído ao longo do processo, tendo o aluno função primordial para a sua construção, avantajando objetos e estruturas de conteúdos que tenham significados para interferirem em seu cotidiano.

Estamos em pleno século XXI e observamos as Novas Tecnologias da Informação e da Comunicação (NTICs) dominarem os espaços de maneira positiva, sobretudo, dentro dos sistemas educacionais. Tais tecnologias, quando bem utilizadas, surgem como facilitadoras de aprendizagem. Por outro lado, podem impedir o diálogo interface e, consequentemente, a transmissão dos sentimentos (trabalho pedagógico com as emoções) e ainda, podem individualizar o ser humano e fechá-lo em um mundo egocêntrico em que se esquece a presença do outro, tornando-o um mero espectador e, provavelmente, um elemento sem coragem de estabelecer rupturas e interpretações dialéticas nos seus espaços de relações. Vivemos em um mundo cada vez mais individualista e especializado, onde os estudantes devem ser levados a fazer leituras mais sociais e a refletir sobre as estruturas holísticas, ou seja, abrir-se às novas visões na perspectiva do todo, entendendo que a máquina (computador), mesmo facilitadora de aprendizagem, nunca poderá substituir a mediação do professor.

Diante dessa constatação, surge a dúvida: Podemos ou não retornar ao tecnicismo? Sabemos da importância de todos os momentos e tendências da educação no Brasil, mas uma relação com o social não poderá ser supressa, pois não podemos conviver somente com máquinas, sem produção de significados. A máquina opera somente com sintaxe, enquanto os seres humanos com semântica; portanto, as duas estruturas são importantes e eficazes para o processo de ensino-aprendizagem que desponta em nosso contexto social atual.

Buscamos o melhor para a educação, aproveitamos todas as formas de comunicação entre o aluno e o professor; por isso devemos aperfeiçoar os métodos e, sem excluir o tecnológico, não esquecer a importância da convivência com os outros durante todo o processo de ensino-aprendizagem, pois uma das finalidades da educação é a humanização do homem, e isso não poderá acontecer somente com máquinas.

Transportando para a realidade educacional, são bem reflexivas as palavras de Boff (2000, p. 124):

> As águas de março já se foram. As festas juninas já passaram. O inverno está chegando ao fim. É tempo de primavera que implodirá e explodirá de sentido e de alegria para todos. Depois de tanta resistência, de tanta luta e de tanta espera, enfim no horizonte o Brasil que queremos.

Um Brasil alfabetizado, interativo e inclusivo, em que não só o professor é transmissor do conhecimento, mas todos nós, sobretudo nos momentos de integração social. Convivendo, aprendemos e ensinamos uns aos outros, sempre vislumbrando a transformação da realidade, sem exclusões.

2
A profissão de ensinar

Dentre as várias profissões, a de ensinar sobressai-se como aquela que é responsável pela formação dos outros profissionais. Põe-se diante de nós a indagação sobre o que vem a ser ensinar. Sabe-se que muitos dos atuais métodos educacionais constituem-se em conceitos de ensino que estão longe de ser claros; muitos desses métodos dão ênfase somente às atividades dos alunos, mas não a do professor.

As atividades específicas de ensino são caracterizadas a partir de seu objetivo e propósito. Entenda-se *objetivo* como a intenção daquilo que está acontecendo e o modo como se demonstra (metodologia); o *propósito* é a vontade explícita daquele que ensina ao transmitir para alguém os seus conhecimentos.

Relativo ao ato de ensinar, importa saber sobre a intenção que permite distinguir as atividades de ensino das outras não intencionais presentes no cotidiano. A intenção maior é a produção com a real aprendizagem, pois se as atitudes didáticas não levaram os alunos a adquirirem novos conhecimentos, competências e habilidades, não houve ensino.

Ao aceitar a profissão de professor, tal profissional se realiza no momento em que vê os estudantes aprendendo, já que esta é a sua função social. Sua meta é ensinar até que aprendam. Avaliar para replanejar. Portanto, há uma dependência entre o ato de ensinar e aprender. Tal dependência vai repercutir no modo como os professores veem a sua profissão e, consequentemente, naquilo que realizam na sala de aula.

Sabemos que aprendemos muito na escola da vida, mas a escola institucional se interessa, com muita validade, em produzir conhecimentos significativos que possam ser aplicados na transformação das realidades. A escola, portanto, acredita que a aprendizagem não é um assunto aleatório, mas intencional e bem planejado, levando em conta os diversos contextos sociais dos discentes, para que aquilo que é ensinado e aprendido tenha um verdadeiro significado no cotidiano de cada um.

É de suma importância que o professor saiba o que exatamente deseja ensinar e para isso recorra, além dos livros, ao mundo digital que produz informações instantâneas aos acontecimentos e que deixa nossos alunos em constante conexão com os fatos que estão acontecendo no mundo. Essa informação deverá ser processada pelo professor que ensinará como deverá ser feita a leitura crítica dos fatos e sua aplicação social.

Os vários saberes deverão ser transmitidos em sua amplitude e exatidão, levando os alunos a os reciclarem e transformarem para o seu próprio benefício. O professor é chamado para essa atividade de ressignificar conteúdos do passado, transportando-os para o presente numa constante troca de saberes com seus alunos.

2.1 Ensino e aprendizagem: a troca dos saberes

O homem não vive sem fazer avaliações e comparações que refletem a visão que tem de si e da sociedade, assim como os valores eleitos e presentes. Tais valores, também, movimentam os contextos das salas de aula, facilitando ou dificultando o ato de aprender. Por isso, a atitude do docente deverá ser aberta aos valores de cada um, sempre em busca de uma síntese que favoreça a todos, garantindo a diversidade sem perder a unidade.

A lógica presente na escola leva os professores a serem avaliados sob diferentes critérios: o número de aprovados ou reprovados, avaliações de cursos etc., sendo que esses dados não estão obrigatoriamente relacionados com a Teoria Educacional em ação, com seus princípios e valores.

Conforme dissemos, estudantes e professores são parceiros nesse processo de construção do saber, ambos se autoavaliam constantemente: os professores adaptam as suas práticas a partir das verdadeiras necessidades dos alunos e, estes, observam até que ponto estão sendo fiéis àquilo que se propuseram a fazer, ou seja, estudar.

É nesse intercâmbio vital entre ensino e aprendizagem, que a troca dos saberes torna-se um momento privilegiado para a construção científica. Diante dessa concepção e à luz das teorias já apresentadas aqui, conclui-se que os modelos da escola tradicional e behaviorista, mesmo tendo sido utilizados em determinada época de modo mais pleno, não são considerados totalmente ultrapassados, pois ainda podem ser mesclados com as teorias construtivistas e sociointeracionistas dos nossos dias, dependendo da dinâmica da aula, do assunto e desde que seja respeitado aquilo que o aluno traz das suas vivências diárias. Sempre me lembro de um professor de Física do qual fui supervisor pedagógico, que me olvidava: "os alunos de Física sabem tudo de eletricidade e mecânica no que se refere à parte prática; só lhes falta a teorização". Sempre vi nesse exemplo a realização didática da troca de saberes, que se constitui de uma verdadeira produção científica. Vemos aqui, que a conceituação se faz necessária para o complemento da aprendizagem como um todo e, neste momento, as correntes pedagógicas podem ser inter-relacionadas, sempre tendo em vista a aprendizagem mais fácil e lógica por parte do aluno.

Ensino e troca de saberes devem caminhar juntos, pois são parte intrínseca de um mesmo processo. Na busca da superação existente, é preciso retomar algumas questões-chave: a que serve esse ensino? Que tipo de homem se deseja formar no atual contexto sociopolítico e religioso do Brasil. Diante de tais indagações fazem-se necessárias constantes revisões do ensinar, do aprender e seu acompanhamento, as avaliações.

Nessa troca, a avaliação, quer do professor, quer do aluno, deverá ser constante, pois depende dela o sucesso das ações. A avaliação é algo que regula e é dela que dependerá o planejamento, como também, as metodologias de ensino e seus recursos didáticos. A reflexão da prática pedagógica por parte dos atores da educação, como também, seus registros, constituem-se de fundamental importância para que aconteça a real aprendizagem que traga seus efeitos para o cotidiano. O importante é pontuar que o ensino deverá ser montado em cima de objetivos claros, com metodologias plausíveis. Na relação como os objetivos, localizam-se as ações programadas, os procedimentos e as competências que se deseja adquirir.

Construir instrumentos que favoreçam as trocas dos saberes entre professores e alunos na busca da autenticidade do ensino-aprendizagem é uma tarefa que deverá ser realizada de maneira contínua ao longo de todo o período acadêmico, por meio de propostas e processos metodológicos vividos naquele determinado período de construção do conhecimento.

Partindo dessas reflexões, os discentes devem fazer uma leitura crítica de suas práticas didáticas, revendo e reformulando uma nova atuação profissional.

Fica claro que o conhecimento é construído na interação com o mundo e nas experiências, sempre conjuntas, daqueles que fazem parte da comunidade educacional.

O processo de ensino-aprendizagem, mediado pelo educador, é um exercício de profunda competência do coensinar no desenho do próprio destino, favorecendo a descoberta de um sujeito crítico e criativo em todas as circunstâncias solidárias e de trocas que surgem como um elemento facilitador da ação de conhecer.

2.2 Identidade profissional: o professor em constante mudança

Pela mais recente Lei de Diretrizes e Bases (LDB), estamos diante de um quadro que pensa um professor bem diferente dos moldes do passado, pois, sendo hoje a docência uma atividade especializada, exige-se um profissional com características fundamentais próprias. A profissão é uma palavra de construção social, sendo uma realidade dinâmica e contingente, calcada em ações coletivas produzidas pelo professor. A docência, portanto, requer uma formação profissional qualificada que abranja todas as demandas do século XXI: conhecimentos específicos, habilidades e competências em consonância com a atividade. Daí o docente estar aberto às mudanças, porque o material humano (estudante) que ele tem para educar encontra-se em constante mutação, variando de contexto para contexto, além do mais são provenientes de situações históricas diferenciadas dentro mesmo do próprio lar.

Outra característica da docência neste novo século é o rompimento, de uma vez por todas, com aquela forma conservadora de ensinar, pesquisar e avaliar, tentando reconfigurar os saberes para superar as dicotomias entre conhecimento científico e senso comum, ciência e cultura, educação e trabalho, teoria e prática etc. Tudo isso deverá estar em inter-simbiose, pois a educação perpassa todas as realidades do ser; aliás, ela está em função formativa nas novas subjetividades para os atuais contextos e disso depende, fortemente, as escolhas feitas para o currículo que deverão estar inerentes ao processo formativo dos novos profissionais da educação.

Essa formação do professor é densa e se constitui na preparação de um docente para o pleno exercício do magistério. Tal formação é sempre inconclusa porque está em mutação; autoformativa e vincula-se à história de vida do sujeito (aluno) que se encontra, sobretudo nesse período de tempo, em urgente processo de humanização. A formação para o exercício do magistério é multifacetado e plural, tendo um início, mas nunca um final. Freire (1998, p. 25) afirma que *"desde o começo do processo, vai ficando mais claro que, embora diferentes entre si, que forma se forma e re-forma ao formar e que é formado forma-se e forma ao ser formado"*.

A formação do professor é, portanto, uma ação contínua e progressiva, envolvendo várias instâncias e atribuindo uma valorização significativa para a prática pedagógica e uma experiência como componente constitutivo da formação. A prática profissional da docência exige uma fundamentação teórica explícita, pois a teoria também é ação e deverá ser trabalhada e reformulada a partir da realidade concreta do educando desse novo início de milênio.

Nóvoa (1997, p. 34) explica que "*a identidade não é um dado adquirido, não é uma propriedade, não é um produto. A identidade é um lugar de lutas e conflitos, é um espaço de construção de maneiras de ser e estar na profissão*".

O autor mostra, claramente, que a identidade profissional se constrói com base no significado dos movimentos reivindicatórios dos docentes e no sentido que o profissional confere ao seu trabalho, definindo o que se quer, o que não se quer e o que se poderá fazer como professor. Aqui, vale lembrar que foram os movimentos de resistências que deram luz ao multiculturalismo, característica esta bem presente nas teorias pós-críticas do currículo que propomos como ideal para o ensino nessa primeira parte o século XXI: **respeito às diferenças e construção da humanização**.

A construção dessa nova identidade do docente é condição indispensável para a sua profissionalização e envolve o delineamento da cultura do grupo a que o profissional pertence.

Ainda Nóvoa (1992) assevera que, na construção da identidade docente, três dimensões são fundamentais: o desenvolvimento pessoal, que se refere aos processos de construção de vida do professor; o desenvolvimento profissional, que diz respeito aos aspectos da profissionalização docente; e o desenvolvimento institucional, que se refere aos investimentos da instituição para a obtenção de seus objetivos educacionais como, por exemplo, a formação continuada.

Lembraríamos, neste momento, dos quatro aspectos que faz o bom profissional de qualquer área: o saber, adquirido na academia (universidade); o fazer, fruto do processo de estágio e das primeiras experiências como profissional; a ética, sempre ligada ao processo de humanização e, finalmente, o reconhecimento social. E, aqui, cabe a ideia de representação social: O que a sociedade espera do profissional professor neste momento da história?

Por conta das mudanças rápidas e constantes do ser humano, a partir da globalização e da rapidez da informação, a identidade profissional do professor encontra-se em constante transformação, pois se constrói a partir de uma ressignificação social da profissão e das várias revisões das tradições. Cada professor, na sua realidade docente, também se constrói enquanto ator e autor de sua atividade cotidiana: na sua maneira de portar-se diante do mundo, da história como um todo; em suas representações; em seus saberes; em suas esperanças e alegrias; em suas angústias e anseios e no sentido que atribui à sua própria vida, como profissional da educação. Por isso mesmo deverá estar sempre se perguntando sobre os motivos que o levaram a ser professor, e se realmente vale a pena lançar-se nesse mar de incógnitas e de incertezas que é o futuro da educação no mundo e, sobretudo, no Brasil.

A seguir, analisaremos a prática desse profissional do ensino conforme o modelo sociointeracionista, já que é o paradigma mais próximo das atuais concepções de homem e de mundo em constante mutação.

3
O trabalho do professor na perspectiva sociointeracionista

A abordagem sociointeracionista concebe a aprendizagem como um fenômeno que se realiza na interação com o outro. Sendo assim, a abertura e o "desarmamento" humilde são condições primordiais para o sucesso dessa prática pedagógica. A aprendizagem acontece por meio da internalização, a partir de um processo anterior, de troca, o qual possui uma dimensão coletiva. Segundo Vygotsky, a aprendizagem deflagra vários processos internos de desenvolvimento mental que tomam corpo somente quando o sujeito interage com os objetos e sujeitos em cooperação. Uma vez internalizados esses processos passam a fazer parte da cognição, ou seja, é o novo conhecimento adquirido. Um processo interpessoal é transformado num intrapessoal. Para esse autor, todas as funções psicológicas superiores dos indivíduos se dão nas relações.

O processo de desenvolvimento cognitivo estaria centrado na possibilidade do sujeito ser, constantemente, colocado em situações-problemas que provocam a construção de conhecimentos e conceitos a partir da zona de desenvolvimento proximal (ZDP). O sujeito necessita usar os conhecimentos já consolidados, desestabilizados por novas informações, que serão processadas, colocadas em relação com os conhecimentos de outros sujeitos, em um constante processo de interação, para assim serem consolidadas como um conhecimento novo.

O conceito de interação, com o qual o professor sociointeracionista deverá trabalhar, é, no âmbito do processo de aprendizagem, o seguinte: uma dinâmica em que a ação ou o discurso causa modificações na forma de pensar e agir, interferindo no modo de elaboração e apropriação do conhecimento por parte de seus alunos. Por isso, esse professor é um atento observador das zonas proximal e real de desenvolvimento de cada estudante, e, assim, poderá construir situações pedagógicas que, a partir daquilo que já foi aprendido, possam ser reconstruídas em novos significados do saber, como em uma cadeia. No contexto de aula, todos – professores, estudantes, pais, estagiários, direção, secretaria escolar, serviços gerais – são mediadores ativos para a construção de novos saberes. Nessa perspectiva, o conhecimento deixa de ser consumido e assimilado passivamente e passa a ser um produto de elaboração e construção conjuntas.

Como se sabe, as propostas epistemológicas de Paulo Freire, Edgar Morin e Vygotsky surgem na abordagem do indivíduo como *sujeito* do processo de aprendizagem, que não poderá ser fragmentado, mas entendido na sua totalidade, como um organismo biológico e socialmente integrante de um contexto sócio-histórico que é parcialmente local e parcialmente planetário.

A avaliação do professor sociointeracionista é realizada ao longo do processo didático, a partir de vários instrumentos: testes, trabalhos, oralidade e escrita, participação, interesse, originalidade nos questionamentos, seminários... O importante é o novo conhecimento ser construído e aprendido de maneira conjunta e com finalidade funcional de aplicação ao cotidiano para transformá-lo. Nesse caso, a recuperação ocorre no momento em que surge a dificuldade e nunca será um mero apêndice. Por sua vez, o "erro" deverá ser otimizado, pois será sempre uma tentativa de acerto. Com o erro também se aprende.

Na visão punitiva e classificatória da avaliação, o erro é visto como algo que condena, rotula, determina e exclui o estudante do processo. Aqui, apresentamos o erro como resultante de uma hipótese incompleta feita pelo aprendiz: visto assim, cada erro possibilita rica oportunidade para uma análise das formas de pensar, de operar, de sintetizar, identificando os elementos faltantes no processo e visando completar tais faltas. Nesse caso, o professor precisa verificar se o estudante solucionou procedimentos inadequados, faltando aprimorar conhecimentos construídos ou efetivar uma maior e melhor fixação.

Se é insuficiente a estrutura do pensamento do estudante ou se ele age sempre por ensaio e erro, usando hipóteses incompletas de solução, tal estudante demonstra dificuldade de compreensão e seleção de estratégias. Se esse aluno não possui a estrutura de pensamento necessária, não irá compreender o solicitado. Falta-lhe refletir sobre o "como" e o "porquê" da ação, da indicação docente, ou compreendê-la no contexto da aprendizagem.

Se o professor identificar esses elementos será mais fácil auxiliar o seu discípulo na superação dos impasses. Ao se discutir essas possibilidades com os estudantes, constroem-se referências para ampliar a metacognição, exigindo dos atores do processo (professores e discentes) ações diferenciadas. Infelizmente, é uma tradição tanto do professor quanto do aluno não se debruçarem, não cuidarem, não investigarem os erros cometidos e suas causas, o que atesta o predomínio da função e ação classificatória na avaliação, a que se reduz, muitas vezes, a um só instrumento. É por isso que essa nova visão enxerga no erro não um motivo de depreciação, mas uma oportunidade de verdadeira aprendizagem e de reflexão conjunta dos formadores e formandos.

3.1 O compromisso com a inclusão social

As sociedades sempre descobrem novas formas de diferenciação, por isso a inclusão é um processo sem fim e deverá sempre caminhar sanando os males daqueles(as) que ficam à margem.

Santos (1999) afirma que "temos o direito de ser iguais sempre que a diferença nos inferioriza, assim como temos o direito de ser diferentes sempre que a igualdade nos descaracteriza".

Portanto, é sempre hora de promover a inclusão social, e não somente nas escolas, mas no mundo do trabalho, do lazer, da fé... Atualmente, é no universo da educação que ela está, cada vez mais, refletida, trabalhada e tem sua prática incentivada no dia a dia das pessoas. Cabe, assim, ao professor formar cidadãos plenos, capazes de intervenção digna e produtiva na sociedade, promovendo a inclusão social.

O aluno sujeito de todo o processo pedagógico, deverá ser contemplado em suas múltiplas possibilidades e limitações. Para atender as exigências desse alunado, o docente deverá ser formado em dimensões plurais e abrangentes: ética, estética, reflexiva, crítica, técnica e científica. Para Machado (2006, p. 283):

> A formação continuada, entendida como dimensão, parte do princípio de que, se o professor se considera formado, ele perde a possibilidade de continuar pesquisando e questionando sua área de conhecimento. Será um profissional desatualizado, superado, sem condições de dialogar com seu campo de atuação. Essa dimensão indica a necessidade de o professor persistir, continuar estudando, se formando. A formação continuada teria, pois, como principal função, mobilizar os professores para essa necessidade de busca.

É com essa formação continuada e permanente que o professor abre-se, de maneira científica, para o mundo da verdadeira inclusão social. Incluir não consiste em apiedar-se ou compadecer-se, mas é, sobretudo, mudança de opinião e prática. Indivíduos que são tidos pela sociedade preconceituosa e intolerante como diferentes deverão ser tratados com dignidade de pessoas capazes, inteligentes e iguais àqueles que se dizem "normais", entendendo a normalidade como aquilo que é comum à maioria das pessoas. A diversidade racial, cultural, linguística só enriquece o povo. Também aqueles que se dizem com necessidades especiais (surdos, cegos, baixa visão, que possuem déficit cognitivo, Síndrome de Down, autismo, dependentes químicos...) deverão ser chamados a uma efetiva inclusão social, pois todos, mesmo os que se dizem "normais" estão sujeitos a possuírem necessidades especiais em alguma fase da vida. Essas pessoas, no passado, eram consideradas mortas; aliás, não eram nem consideradas; passaram a ser "encarceradas", em seguida, foram para as escolas especiais e, agora, chegam, felizmente, às escolas integradas regulares. Eram pessoas mortas, porque ter um filho cego ou com qualquer tipo de síndrome, era como permanecer em um eterno luto, para depois "engaiolar" (esconder o filho) como se não houvesse mais vida para ele, esquecendo-se, totalmente, de trabalhar as possibilidades, que na maioria das vezes superam as diferenças.

Esses estudantes "especiais" deverão ser integrados em salas de ensino regular com os apoios necessários: professores itinerantes, intérpretes, apoios fonoaudiológicos. Para tanto, é um dever não só do Estado, mas de todos, trabalhar e *acreditar* que a verdadeira inclusão social poderá ser realizada. Ao se trabalhar com pessoas que possuem necessidades especiais, devem esquecer-se das limitações e, como dissemos acima, explorar as potencialidades. Essa postura é fundamental na perspectiva do professor sociointeracionista.

3.2 A prática interdisciplinar

O professor sociointeracionista também é um parceiro da interdisciplinaridade. Por ser um indivíduo aberto aos vários contextos e situações, vai em busca de inter-relacionar os saberes, em vez de desconstruí-lo de maneira fragmentada. Esse paradigma, fruto da Teoria Positivista, que separa as ciências por áreas de atuação, levou as escolas a dicotomizar os diversos conhecimentos e esquecer a globalidade do mundo e do homem. A verdadeira cultura é aquela que inter-relaciona os saberes acumulados, sempre na perspectiva de melhorar e aprimorar a qualidade de vida da humanidade.

Sendo a realidade, a qual o ensino propõe-se levar o aluno a conhecer, um fenômeno múltiplo e diversificado, e como todos os conhecimentos e interpretações somente explicam parte dessa realidade, o ato de conhecer permanece sempre inacabado. É importante, portanto, cultivar uma perspectiva e atitudes voltadas para a superação de visões de qualquer ordem, sem encobrir o ambíguo e o diferente.

Lück (1994) indaga a maneira de como trabalhar a interdisciplinaridade nas escolas onde professores não tomaram conhecimento do seu significado e não estão conscientes de sua importância, por estarem mais preocupados com questões do cotidiano escolar. Para ela:

> o reconhecimento da realidade como complexidade organizada implica que busque compreendê-la mediante estratégias dinâmicas e flexíveis de organização da diversidade percebida, de modo a se compreender as múltiplas interconexões nela existentes... A interdisciplinaridade, portanto, propõe uma orientação para o estabelecimento da esquecida síntese dos conhecimentos, não apenas pela integração de conhecimentos produzidos nos vários campos de estudo, de modo a ver a realidade globalmente, mas, sobretudo, pela associação dialética entre dimensões polares como teoria e prática, ação e reflexão, generalização e especialização, ensino e avaliação, meios e fins, conteúdo e processo, indivíduo e sociedade etc. (p. 51-52).

Assim, a interdisciplinaridade constitui-se dessa visão interativa, relacional e global da realidade que é levada às mudanças e às transformações.

É própria do professor, que promove a relação entre os saberes, a capacidade de trabalhar em equipe, estando aberto às trocas, à sociabilidade, à colaboração e à comunicação permanente. Ele está, constantemente, preocupado em aprender a aprender, inclusive na própria ambiência da sala de aula. Esse docente não deverá abster-se das Novas Tecnologias da Informação e da Comunicação (NTICs), que propiciam condições infraestruturais e suporte na promoção da interdisciplinaridade.

Esta, em sua forma generalizada, vastamente difundida no terreno científico, ao se relacionar como novas teorias, com pretensões universalizantes, pode-se constituir de diversas formas, que muitas vezes divergem em sua própria gênese, ao mesmo tempo em que se instituem e autolegitimam no seio das disciplinas, por meio da transposição de conceitos e métodos oriundos das ciências exatas das teorias positivistas. No decorrer desses últimos anos, mesmo que as tentativas de unificação propostas até então não tenham obtido pleno êxito, a necessidade de superação da fragmentação é evidenciada constantemente, seja por meio do próprio avanço das pesquisas científicas, seja pelas demandas impostas pelo plano sócio-histórico educacional atual, orientadas para a visão holística da realidade.

Durante anos, a escola de Ensino Fundamental e Médio, como também a universidade, formaram especialistas. Isso porque o mercado funcionava sob a égide da divisão técnica e social do trabalho. O Exame Nacional de Ensino Médio (Enem) tenta elaborar as questões de maneira mais holística e discursivo-interpretativas.

A interdisciplinaridade deseja estabelecer o sentido da unidade na diversidade; portanto, um equilíbrio entre o global e o específico. O objetivo da interdisciplinaridade é o de promover a superação da visão restrita de mundo e a compreensão da complexidade. Ao mesmo tempo, deve resgatar a centralidade do homem na realidade e na produção do conhecimento, permitindo simultaneamente uma melhor compreensão do mundo que o cerca na sua totalidade.

O educador sociointeracionista não deverá perder de vista essas dimensões do saber, sendo chamado a envolver-se e a engajar-se em um trabalho conjunto de interação das disciplinas do currículo escolar entre si e com a realidade. Tudo isso para que seja superada a fragmentação do ensino, objetivando a formação integral dos estudantes, a fim de que possam exercer criticamente a cidadania, possuindo uma visão global do mundo, tornem-se capazes de enfrentar os problemas complexos, amplos e gerais da realidade atual.

Ser interdisciplinar não consiste em desenvolver as disciplinas e o conhecimento produzido por elas, mas conforme Morin (1985, p. 33): "O problema não está em que cada um perca a sua competência. Está em que a desenvolva o suficiente para articular com as outras competências (disciplinas e conhecimentos) que, ligadas em cadeia, formariam o anel completo e dinâmico, o anel do conhecimento do conhecimento".

O processo de conhecer nunca deverá ser dissociado da vida humana e da relação social, estabelecendo-se a circularidade entre homem, sociedade, vida e saber acumulado.

No que se refere ao ensino, a interdisciplinaridade constitui uma condição para a melhoria da qualidade das práticas docentes mediante a superação contínua da sua já clássica fragmentação, uma vez que orienta a formação global do homem.

Os professores que se engajam na construção de uma prática interdisciplinar buscam, como já afirmamos anteriormente, o trabalho em equipe, pelo estabelecimento do diálogo entre si, de modo que conheçam os respectivos trabalhos. Isso se dá, concretamente, a partir dos constantes planejamentos coletivos que é o momento da troca e dos ajustes que favoreçam essa metodologia.

Concluindo, diremos, ainda, que a interdisciplinaridade encarrega-se de restabelecer a intercomunhão entre as diversas dimensões da vida e dos seres, estabelecendo a prática de pensar, analisar e representar a realidade segundo um esforço de intercomunicação com os outros (MARQUES, 1988, apud LÜCK, 1994).

Fica o desafio para os professores sociointeracionistas: mudando a nossa prática para a orientação com o enfoque interdisciplinar, rompendo com hábitos antigos e sempre buscando o novo, poderemos tornar o trabalho educacional bem mais produtivo e significativo para os nossos alunos. Esses tornar-se-ão aprendizes mais motivados, pois passarão a trabalhar com conteúdo relacionados às suas diversas realidades e, assim, intervir, de maneira mais eficiente, para transformá-las.

4
Formação do professor e as novas tecnologias

A linguagem nas redes sociais

A formação do professor e as questões ligadas diretamente a ela são imprescindíveis para que se tenha uma boa qualidade de ensino. Por isso, aquele(a) que deseja ensinar deverá estar consciente de que a sua formação é permanente e integrada ao dia a dia escolar. O professor será sempre um estudioso; terá prazer em ler e pesquisar para que possa motivar os estudantes a fazer o mesmo, pois se aprender com prazer, também ensinará prazerosamente.

A Teoria do Desenvolvimento Intelectual, proposta por Vygotsky, sustenta que o conhecimento é construído socialmente, no âmbito das relações humanas. O desenvolvimento do indivíduo se constrói em processo sócio-histórico. Daí afirmarmos que o sucesso profissional do professor, o espaço para o seu crescimento intelectual e humano, durante a sua formação continuada, também poderá ser o seu local de trabalho, as relações afetivas e cognitivas estabelecidas com seus alunos, colegas de profissão, pais, funcionários e direção.

Pesquisas apontam que o professor deverá ser capaz de refletir, sempre, sobre a sua prática, tornar-se um ser reflexivo. Essa prática pensada e modificada, tendo como centro o sujeito do processo, o estudante, volta-se para os interesses coletivos daqueles que estão na dinâmica da aprendizagem. Freire (1998) afirma que é pensando as práticas passadas e as presentes que se poderá melhorar as futuras.

Conforme Neves (2006), a real valorização do magistério será construída sobre a solidez de três aspectos: uma boa formação inicial, uma formação continuada sólida e condições favoráveis para o trabalho docente (espaço, recursos didáticos, plano de cargos e salários). Sendo assim, o desenvolvimento profissional corresponde ao curso superior, somado ao conhecimento adquirido ao longo da vida e às pós-graduações (*lato ou stricto senso*) que se possa fazer. Além disso, o professor, em sua formação contínua, deverá preocupar-se com as constantes atualizações seja pela participação em eventos acadêmicos como ouvinte ou convidado, seja fazendo circular o novo conhecimento por meio de publicações.

As sociedades se transformam, fazem-se e desafiam-se. As novas tecnologias mudam o trabalho, a comunicação, a vida cotidiana e até mesmo o pensamento. As desigualdades se deslocam, agravam-se e recriam-se em novos territórios. Os atores sociais estão interligados a múltiplos campos; a modernidade não permite que ninguém se proteja das contradições do mundo. Várias lições podemos tirar dessas rápidas mudanças para o processo de formação de professores...

O reforço para uma prática reflexiva, inovação e cooperação é fundamental no favorecimento de uma relação menos temerosa e individualista com a sociedade. Os professores sempre serão os mediadores e intérpretes ativos das culturas, dos valores e do saber em transformação, pois se não se perceberem como depositários da tradição ou precursores do futuro, não saberão desempenhar esse papel.

Tornam-se prioridades para a formação dos professores a prática reflexiva e a participação crítica. Essa prática, para diferenciar do senso comum, deverá ser metódica e coletiva, sempre utilizada pelos profissionais de educação no momento em que os objetivos propostos não forem atingidos.

Em contextos sociais que estão em transformação, a escola e, consequentemente, o professor, não podem ficar imóveis. Por pertencer a todos, compete ao sistema educativo encontrar um justo equilíbrio entre as aberturas e os fechamentos sociais. A mudança escolar não poderá ser aparente e fracionada; deverá acontecer efetivamente, a partir da motivação conjunta de seus atores sociais, sobretudo, pais, estudantes e professores.

Por outro lado, sabe-se que não se podem formar professores com nível alto de intelectualidade e lhes dar mais responsabilidade, se não houver boa remuneração e tempo suficiente para a pesquisa e autorreflexões. Esse é um grande desafio nos países onde o subdesenvolvimento é galopante. Maquia-se a educação, ou seja, o discurso é um, mas a prática apresenta-se bem diferente, distanciada mesmo das proposições das falas. Os professores para sobreviverem são obrigados a trabalhar em três turnos e em várias instituições. Diante dessa realidade, sabe-se que ao final do dia não terão mais forças físicas para realizar pesquisas, escrever textos acadêmicos ou mesmo refletir sua prática; sem falar que também têm de solucionar os problemas relativos à vida pessoal.

Mas, mesmo diante desta constatação não muito promissora, o professor do século XXI deverá buscar sempre o aprimoramento da sua profissão. Para isso, Perrenoud (1999) apresenta dez bases de competências profissionais para ancorar a prática reflexiva:

1) Organizar e animar as situações de aprendizagem.
2) Gerir o progresso das aprendizagens.
3) Conceber e fazer evoluir os dispositivos de diferenciação.
4) Envolver os alunos nas suas aprendizagens e no seu trabalho.
5) Trabalhar em equipe.
6) Participar da gestão da escola.
7) Informar e envolver os pais.
8) Servir-se de novas tecnologias.
9) Enfrentar os deveres e os dilemas éticos da profissão.
10) Gerir sua própria formação contínua.

É, ainda, importante que o professor crie metodologia própria, que se inclua a observação, a interpretação, a análise, a antecipação dos fatos, mas também, a memorização, a comunicação oral e escrita, dispondo de uma cultura em ciências humanas, tanto didáticas como transversais.

A formação para o espírito científico, o rigor, para a atitude descentralizada de si, constitui objeto que a universidade pode pôr a serviço da formação dos professores.

As Novas Tecnologias da Informação e da Comunicação (NTICs) não poderão mais ser desprezadas na tarefa de ensinar, apresentando-se como grandes recursos de construção e armazenamento do conhecimento, como também de diminuição das distâncias. Essa formação interdisciplinar em rede da era tecnológica tem a força para gerenciar e aglutinar informações, fazendo que o conhecimento chegue mais rápido, formando uma verdadeira cadeia em torno das diversas áreas do saber.

A integração dos indivíduos com o computador (Teoria da Ergonomia) busca uma maior otimização do trabalho docente, sobretudo, por conta da rapidez que a informação chega ao nosso contexto de ensino-aprendizagem.

Os ambientes virtuais de aprendizagem facilitam a educação a distância, permitem ao professor e ao aluno usarem do bom-senso no momento de suas escolhas, abrindo novos horizontes e criando outros paradigmas para a discussão, na medida em que permitem a comunicação por intermédio de ferramentas síncronas e assíncronas. A mediação pedagógica deve utilizar-se, obrigatoriamente, dessas novas ferramentas da realidade globalizada que se vivencia nesse início do século XXI.

Portanto, os recursos tecnológicos são imprescindíveis para a prática pedagógica hodierna. Uma coisa, porém, é certa: vamos falar de múltiplas educações para pessoas diferentes. Essas diferenças estarão, obrigatoriamente, ligadas às condições para o uso e acesso de tecnologias cada vez mais avançadas. A lacuna que existia há anos entre os que tinham acesso ou não a computadores e redes vai ampliar-se cada vez mais. Com certeza, poderá ser criado um grande "abismo tecnológico" entre alunos e professores que usam ou não os meios digitais para todo e qualquer fim. Crianças, jovens e adultos hoje já fazem parte da "geração net" e exibem um perfil bem diferenciado do passado. A conduta dessa geração em atividades diuturnas em seus micros, smartphones etc. muda ainda a maneira como agem quando estão conectados.

Essas novas maneiras de pensar e de agir das atuais gerações digitais já influenciam e, ainda vão influenciar bem mais o futuro dos professores, das escolas e da educação. Será preciso a ampliação de políticas públicas efetivas que propiciem a inclusão digital de todos os cidadãos.

As competências e habilidades dos alunos da "geração net" estão mudando. Tudo dependerá do modo como as novas tecnologias serão utilizadas. A escola e seu corpo docente precisam se adaptar o quanto antes a essa nova realidade, que se apresenta como um novo desafio para as práticas educativas.

O professor do século XXI deverá buscar nas novas alternativas virtuais como, por exemplo, nos jogos eletrônicos, propostas pedagógicas para aprendizagem significativas. Nesses jogos eletrônicos, também se encontra um momento magnífico para o desenvolvimento do espírito de equipe, tão essencial para o mundo competitivo de nossos dias, pois o processo de comunicação é amplo em todos os sentidos, seja pela comunicação verbal ou digital; seja porque a liderança é mais diluída e geralmente aceita pelos jogadores; seja porque há confiança mútua; seja porque os objetivos são claros, discutidos e negociados; e os conflitos são solucionados sempre tendo em vista o objetivo da equipe. Descortina-se, aqui, um momento de intervenção pedagógica eficaz, à medida que esses jogos são transportados para a sala de aula com o intuito de serem recursos para uma aprendizagem mais formal daquilo que foi elencado para o currículo que sempre terá como ponto de partida um eixo temático e temas geradores recorrentes.

Outro aspecto importante que se vem observando nos jogos eletrônicos é que eles favorecem o desenvolvimento de habilidades específicas, como a escrita e o desenho com ambas as mãos, principalmente ao utilizarem o mouse e teclado simultaneamente. Eles aguçam a capacidade sensorial e cognitiva, motivando as relações interpessoais.

Propõe-se, portanto, escolas reais em ambientes digitais de aprendizagem. O futuro tecnológico da educação tem se direcionado para pequenas soluções sob a forma de aparelhos leves e portáteis, mas com grande potência. São computadores móveis, agendas eletrônicas, englobados nos smartphones. Novas formas híbridas e interativas do uso das tecnologias digitais incorporam todos os tipos de aparelhos que possuem uma tela e os transformam em espaços virtuais de aprendizagem em rede. Por meio dessas telas, os alunos podem interagir com seus professores, colegas e todos aqueles que estão conectados à rede, realizando, ainda, atividades acadêmicas e troca de experiências científicas, novas descobertas práticas e teóricas.

A tecnologia digital tem o poder de garantir a possibilidade de interação e visualização da imagem e do som entre os membros de um mesmo grupo de estudo, independentemente do local em que estejam e em tempo real – é o caso, por exemplo, das teleconferências síncronas. Essa concepção já está transformando e barateando muito a qualidade do ensino.

Mas mesmo diante dessa realidade, na nossa concepção, o contato físico ainda é de suma importância para o ato de humanização neste início do século XXI, pois a afetividade, o toque e a comunicação verbal face a face continuam indispensáveis para o desenvolvimento pleno do homem total, não só os que se relacionam aos aspectos cognitivos, como também, emocionais e físicos, pois a máquina não humaniza; como já dissemos, ela trabalha com sintaxe e, nós seres humanos, com semântica, dando sentido a todos os atos ergonômicos que hoje nos rodeiam.

Esses recursos digitais garantem às escolas a capacidade de se abrir e oferecer educação para todos, indistintamente, em qualquer lugar e a qualquer tempo, desde que possuam recursos financeiros e equipamentos, pois em termos econômicos esse tipo de escola é cara. Exige certo tempo para pesquisas permanentes, atualização das tecnologias e o constante uso de softwares e aplicativos cada vez mais sofisticados. O uso intensivo das mais recentes tecnologias digitais e das redes transforma a dimensão da educação e coloca a escola em um lugar privilegiado.

Esse novo tipo de escola deverá treinar os seus professores para o domínio técnico do uso de computadores a partir de uma mudança de mentalidade, para que se possa ter uma educação de qualidade na sociedade da informação. Tal mudança necessitará de constantes revisões dos Projetos Políticos Pedagógicos (PPP).

Nesse novo modelo escolar, é impossível a centralização do poder, pois tudo deverá ser interativo: ações discutidas e planejadas em comum, liberdade para escolha dos softwares e programas de computador. E os atores que lidarão com essa nova ferramenta com fins didáticos deverão ser mediadores na construção desse saber global, do diretor ao mais simples funcionário escolar.

Essas alterações nas estruturas escolares caracterizam-se como desafios para a educação e, acima de tudo, requerem novas concepções para as abordagens dos conteúdos, outras tecnologias de ensino e perspectivas para a ação dos professores, estudantes e demais profissionais da educação.

Em muitos países, a educação, a partir das novas tecnologias digitais em redes, já tem se tornado uma prioridade. Espaços virtuais como, blogs, Facebook, Instagram, smartphones etc., já mostram a força dessa nova realidade. As transformações ocorrem no cotidiano da vida e chegam aos espaços escolares de maneira fortificada e como grande instrumental para se aproveitar pedagogicamente, favorecendo a aprendizagem. Por isso mesmo, as escolas devem integrar-se, com urgência, ao mundo da tecnologia, da informação e da comunicação para que não se tornem obsoletas, sem atrativos e, consequentemente, infrutíferas.

No passado, trabalhava-se, apenas, com a comunicação exclusiva entre professor e aluno. Hoje, temos um conjunto enorme de mídias: a imagem dinâmica e perfeita do DVD, a fala em tempo real, e-mails, chats, WhatsApp, todos portadores de discussão que veiculam a linguagem verbal e não verbal de maneira dinâmica, com boa resolução, seriedade e, até mesmo, com muito humor. Todo esse contínuo constitui-se como elemento que deve ser usado para facilitar a aprendizagem.

A internet caracteriza a possibilidade de apropriação e personalização da mensagem recebida, da reciprocidade da comunicação na virtualidade. Isso, por meio de fóruns, aulas virtuais, de espaços para realização de trabalhos em grupo, para realização de pesquisas compartilhadas, incentivando a troca de informação entre os atores do processo, socializando, desse modo, em tempo real, o conhecimento adquirido.

Atentamos aqui, para o fato de que não se trata de utilizar, a qualquer custo, as tecnologias, mas sim de acompanhar consciente e deliberadamente uma mudança de civilização que está questionando profundamente as formas institucionais, as mentalidades e cultura dos sistemas educativos tradicionais e, notadamente, os papéis de estudante e professor.

Portanto, a atual sociedade digital, caracterizada pelo uso das Novas Tecnologias da Informação e da Comunicação

(NTICs), está promovendo uma transformação na forma das pessoas se comunicarem, entenderem e adquirirem conhecimento. A escola, como parte integrante dessa sociedade, com a preocupação em formar cidadãos críticos, reflexivos e responsáveis pelo seu aprendizado, tem de se adaptar a esse novo ambiente, criando mecanismos didático-pedagógicos que favoreçam o aprendizado de forma dinâmica e contínua. Como consequência, a introdução dessas novas tecnologias na área educacional favorece uma reconstrução da prática educativa, modificando a concepção de professor, de estudante, de escola, como também, de ambientes universitários e acadêmicos em geral.

Pode-se dizer que a educação on line tem seus fundamentos na Teoria Sociointeracionista, de Vygotsky, pois postula que os processos psicológicos aparecem primeiramente nas relações sociais, utilizando tanto os instrumentos físicos, que podem alterar o ambiente, como os psicológicos, que modificam as capacidades mentais; nesses dois casos com o necessário apoio da linguagem verbal. As TICs oferecem as condições necessárias para que o processo de ensino-aprendizagem ocorra de maneira eficaz e eficiente. Para tanto, os cursos deverão ser montados nesta perspectiva e, como já dissemos acima, com o treinamento e aperfeiçoamento dos professores. Para Silva (2006), o emprego dessas novas tecnologias no âmbito da educação jamais vai substituir o professor, mas integrá-lo-á em um novo conceito, que favorece a criação de uma aprendizagem para a autonomia, em que o aluno participa ativamente. Mesmo de modo virtual, não se eliminam a sensibilidade e a afetividade, tão necessárias às relações hodiernas.

Na sociedade da informação, todos estão reaprendendo a conhecer, a se comunicar, a ensinar e a aprender de maneira diferente, e a integrar-se no tecnológico, tendo sempre o humano como centro.

Com essa nova visão, apresenta-se para o professor um grande leque de opções metodológicas, de possibilidades para organizar a sua comunicação com os alunos, trabalhando de forma presente ou virtual, inclusive com novos meios para avaliá-los. Cada docente poderá encontrar a sua forma mais adequada de integrar as várias tecnologias e procedimentos metodológicos. Aqui, não se trata de oferecer receitas, porque as situações são bem diversificadas.

Com o advento da internet, podemos modificar mais facilmente a forma de ensinar e de aprender, tanto nos cursos presenciais, fazendo-se uso, didaticamente, dos novos recursos digitais, como naqueles a distância. Muitos são os caminhos que dependerão de situações concretas em que o professor se encontrar: número de alunos, tecnologias disponíveis, duração de aulas, como também, apoio institucional.

O docente poderia ainda criar uma página na internet como espaço virtual de encontro e divulgação; um lugar de referência para cada matéria e aluno. Essa página ampliaria o alcance de trabalho do professor, de divulgação de suas ideias e propostas, de contato com pessoas fora da universidade e das escolas. Em um primeiro momento, essa página seria aberta para motivar um encontro permanente como os estudantes.

Os alunos, neste início de século, já dominam totalmente as ferramentas da web e navegam nas várias redes sociais e sites de busca, com desenvoltura, daí a importância de se formar grupos virtuais a fim de se criar uma conexão acadêmica para troca de informações, novas descobertas científicas, retirada de dúvidas, enfim, tudo aquilo que possa facilitar uma aprendizagem mais significativa e sua aplicação social.

O papel do professor muda com relação ao espaço, tempo e comunicação com os alunos. O espaço de trocas aumenta da sala de aula para o virtual. O tempo para se receber ou enviar informações amplia-se. Não esqueçamos, aqui, que há momentos em que são necessários os encontros físicos: no início do processo para inserir o tema num contexto maior, tirar as dúvidas do grupo, motivar os alunos, a fim de que percebam os objetivos de determinada pesquisa e como se vai organizá-la. Depois de certo tempo, alunos e professores voltariam a se encontrar para socializar os resultados das novas descobertas científicas. É o momento final do processo, de se debruçar e refletir em cima do que foi apresentado, dos complementos e questionamentos, relacionando o tema em questão com os demais, numa real interdisciplinaridade.

Nessa nova perspectiva tecnológica, muda-se a visão de curso e de aula. Essa passa a ter espaço e tempo muito mais flexíveis. O professor, por sua vez, continua ministrando aulas quando está disponível, virtualmente, para receber e responder mensagens dos alunos, quando cria uma lista de discussão e alimenta, constantemente, os seus alunos com textos, indicações de sites, mesmo fora do horário específico de sua aula, contribuem sobremaneira para que se efetive a aprendizagem.

Ensinar com as novas mídias já é uma revolução, pois o paradigma mudou e o docente tem de se adaptar urgentemente a ele. Caso contrário, conseguiríamos, apenas, um verniz de modernidade, sem alterar o essencial que são as práticas inseridas ao ambiente digital, como um novo mediador pedagógico.

Paulo Freire dizia que o mundo encurta; o tempo se dilui; o ontem vira agora; o amanhã já está feito. Tudo de maneira muito rápida. Nós, educadores do século XXI não podemos deixar de lado ou, simplesmente, ignorar essas novas possibilidades.

Diante das atuais demandas da educação, podemos, ainda, vislumbrar certa dicotomia entre a concepção de competências e a formação de subjetividades flexíveis. Quanto às questões de competências, poderemos enfrentar situações não previstas: é necessário demonstrar competências comunicativas, raciocínio lógico-formal, capacidade crítica, utilizar a ciência para resolver problemas, aderir ao verdadeiro trabalho de equipe e de relações humanas. Por outro lado, podemos propor a formação de professores com subjetividades flexíveis para lidar com as incertezas, com a precarização, com a volutibilidade e com a fragmentação.

Os atuais cursos de formação de professores deveriam ser focados mais na dimensão ética e técnica, ou seja, saber agir e fazer com alteridade e respeito aos espaços dos outros, não subestimando conteúdos, mas escolhendo-os conforme as necessidades dos estudantes e que sejam úteis à aprendizagem.

Vejamos, agora, como a linguagem se apresenta nos novos suportes textuais do mundo digital.

A linguagem nas redes sociais

A língua verbal nos constitui como seres humanos e, ao longo da história, foi tomando grande força para garantir a unidade de um povo. Toda nossa prática diária, seja nas relações sociais, ou mesmo, de maneira individual, acontece com a utilização da língua.

Com o advento das TICs e sua expansão, surgiram novos gêneros textuais a partir dos suportes e aplicativos que foram chegando com a globalização; encontramos a imagem, a oralidade e a escrita que, por sua vez, foge às regras da norma culta; tais gêneros emergentes admitiram o que chamamos de "internetês". Por sua vez, também, deparamo-nos com os elementos paralinguísticos (gestos que acompanham os atos de fala) e os suprassegmentais que se relacionam com a prosódia, ou seja, tonalidade da voz, altura, cadência etc.

Entre esses novos gêneros, que alguns autores veem como suportes textuais, temos: o **Facebook**, uma página individual na net em que seu usuário expõe suas ideias, fotografias, pontos de vista. Esse termo é formado por duas palavras inglesas: **face**, que significa cara e, **book**, livro. Portanto, literalmente, seria: *livro de caras*. Como dito, seus usuários criam perfis que contêm fotos e listas de interesses pessoais, trocando mensagens privadas e públicas entre si e participantes de grupos de amigos. O Facebook possui várias ferramentas, como o mural, que é um espaço na página do perfil do usuário que permite aos amigos postar mensagens. O "Face", como se chama mais comumente, possui ainda aplicativos, com os mais diversos assuntos e acontecimentos, onde a pessoa poderá receber convites para eventos determinados.

---

6 Disponível em http://www.evef.com.br/artigos-e-noticias/marcas-mais-famosas/19-facebook – Acesso em: 25/06/15.

O **Instagram** é uma nova rede social on line de compartilhamento de fotos e vídeos que permite aos seus usuários aplicar filtros digitais e compartilhá-los em uma variedade de serviços de redes sociais, como o Facebook, Twitter, Flickr, Youtube etc. Uma característica distintiva é que esse suporte limita as fotos para uma forma quadrada. Visto a conceituação de texto de maneira abrangente, podemos dizer que as fotografias são textos iconográficos, pois possuem uma unidade de sentido para aqueles que as interpretam.

7

O **WhatsApp** é um software para smartphones utilizado para troca de mensagens de textos instantaneamente, além de vídeos, fotos e áudios através de uma conexão à internet. O grande diferencial do WhatsApp é a invocação do sistema de utilização dos contatos telefônicos no software. Quando um usuário faz um download do aplicativo para seu telefone, não se faz necessário criar uma conta ou adicionar agenda para poder utilizar a plataforma, pois esse recurso tecnológico vasculha os números de celulares salvos no aparelho e automaticamente identifica qual está cadastrado no WhatsApp, adicionando para a lista de contatos do novo usuário.

---

7 Disponível em http://brandsoftheworld.com/logo/instagram-0 – Acesso em 25/05/15.

8

O **correio eletrônico (e-mail)** é um serviço que permite trocar mensagens por meio de sistemas de comunicação eletrônicos. Permite, também, fazer referência a outros sistemas similares que recorrem a várias tecnologias. As mensagens de correio eletrônico possibilitam o envio, não apenas de textos, como também, de qualquer tipo de documento digital (vídeos, imagens, áudios etc.). Sua funcionalidade assemelha-se ao correio postal (tradicional). Ambos permitem enviar e receber mensagens que chegam ao seu destino porque possuem um endereço definido. O correio eletrônico tem um endereço específico, que o usuário poderá criar em um determinado servidor que possua suas caixas de correio. Lá são armazenadas as mensagens até que sejam vistas pelo destinatário.

O americano Ray Tomlinson incluiu o "arroba" (@) nos endereços de correio eletrônico com a finalidade de separar o nome do utilizador do servidor no qual fica alojada a caixa de correio. (@) em inglês, pronuncia-se "**at**", o que significa: "**em**". Por exemplo, brunonis.pe@ (nome do servidor). Lê-se, portanto: brunonis em (servidor tal).com

---

8 Disponível em http://seligabonita.blogspot.com.br/2014/11/minhas-redes-sociais.html – Acesso em 25/06/15.

A linguagem deverá ser adequada aos interlocutores, portanto poderá ser formal, informal, menos monitorada, sempre dependendo do grau de intimidade entre os mesmos. Deve-se, no entanto, ter atenção para se evitar os pleonasmos, jargões e, sobretudo, um cuidado maior com os pronomes de tratamento. Por exemplo, para uma pessoa próxima e amada, pode-se usar como despedida a palavra: *cordialmente* que provém do coração (COR = coração na língua latina); jamais esse termo para alguém que seja superior hierarquicamente. Nesse caso, deve-se utilizar: *respeitosamente*, ou *atenciosamente*. Evite-se, ainda, expressões como: "*Venho pela presente solicitar...*" Não **se pode vir pela ausente**; então o ideal já seria começar com: "*solicito...*" Outro dado importante é quando se vai enviar anexo, usa-se, apenas: *Segue(m)* ou *em anexo*; nunca: "**Segue(m) em anexo**". Constituindo-se de um pleonasmo. Regra geral: a linguagem deverá ser adequada aos contextos de uso e aos interlocutores da ação discursiva seja virtual ou não.

9

Este início do século XXI está mesmo, profundamente, marcado pela era digital que se aperfeiçoa a passos largos, uma verdadeira revolução nos meios de comunicação e, especialmente na rede mundial de computadores. Todo esse processo não deixa de mexer com o mundo da linguagem e, assim, parâmetros novos têm surgido também no mundo textual.

---

9 Disponível em http://www.magazineluiza.com.br/portaldalu/outlook-e-mail-pra-voce/878/ – Acesso em 25/06/15.

Por sua vez, esses parâmetros não podem ser considerados totalmente novos, uma vez que dialogam com formas textuais preexistentes. Um exemplo disso é justamente o e-mail, que é uma adaptação da velha carta ao mundo cibernético. Também, os pequenos recados, mensagens, bilhetes de comunidades de relacionamentos são adaptações, em diferentes níveis de formalidade daquilo que não mais está no papel, mas em novo suporte textual.

Interessante, e o que não se pode perder de vista, é que o mundo digital vem (re)criando um grande acervo de gêneros textuais, tão rapidamente, que, muitas vezes, não permite ainda definições completas. Tais gêneros devem ser levados para a sala de aula, com seus suportes, e trabalhados, pedagogicamente, no processo de aquisição do saber.

Muitos desses gêneros textuais virtuais apresentam hibridismos entre traços característicos de fala e de escrita, o que se manifesta mais claramente nos gêneros mais informais. São planos complementários que formam um contínuo, a relação entre fala e escrita e é, desse modo, que ocorre na virtualidade. Tais gêneros abrigam amplamente textos verbais e não verbais. Dá-se, também, a transposição a esse espaço de textos escritos, visuais ou verbovisuais, quadrinhos, pinturas, propagandas em sua versão original ou adaptada por meio de montagens muitas vezes com finalidades críticas e humorísticas. Muito comumente, esses gêneros são encontrados no portador de texto que é o WhatsApp.

É comum, ainda, neste tipo de linguagem "internetês", expressões simplificadas como: vc, tb, vlw, kz, abç, bjs, keru, naum, fds, niver etc. Encontramos nessa grafia certa logicidade, visto serem preservadas as consoantes distintivas. E, tanto o gênero como o suporte admitem esse tipo de abreviação. Portanto, o que a escola deverá ensinar é o momento e os locais corretos dos usos da linguagem formal, coloquial, informal e, também, do internetês.

Nesses novos suportes e gêneros textuais encontramos a presença marcante do **hipertexto**[10] que é uma forma híbrida de linguagem remetida a outras interfaces semióticas, condicionando a superfície textual. Os próprios links que nos remetem a outros textos também definem-se por hipertextos; vê-se inaugurar um novo espaço para a escrita nesses novos gêneros emergentes. Assim, o hipertexto permite o estabelecimento contínuo das relações entre o texto que está sendo lido e outros aos quais aquele está se remetendo, numa grande teia de relações e formações de sentido dentro da esfera textual, estabelecendo uma ampla intertextualidade virtual. O hipertexto é essencialmente interativo, em que o leitor constitui-se, também, como aquele que escreve.

Segundo Heine (2015, p. 2):

> Gêneros virtuais é o nome dado às novas modalidades de gêneros textuais surgidas com o advento da internet, dentro do hipertexto. Eles possibilitam, dentre outras coisas, a comunicação entre duas ou mais pessoas mediadas pelo computador. Comumente chamada de *Comunicação Mediada* por Computador (CMC), essa forma de intercâmbio caracteriza-se basicamente pela centralidade da escrita e pela multiplicidade de semioses: imagens, sons, texto escrito (cf. MARCUSCHI, 2004). A internet veio inaugurar uma forma significativa

---

10 O termo *hipertexto* foi apresentado por Theodor Nelson em 1964. Não se refere, somente, ao contexto virtual e sim a todos aqueles que permitem uma leitura não linear, como leitura de enciclopédias e dicionários que sempre remetem a outros textos.

de comunicação e de uso da linguagem através do surgimento dos gêneros virtuais, marcados pela fugacidade e votatilidade do texto, como no caso das salas de bate-papo, onde as conversas entre duas ou mais pessoas acontecem em tempo real, de maneira síncrona, tornando então o texto fugaz; pela interatividade, já que permitem a interação entre o leitor e o texto (como no caso dos webblogs, onde os leitores podem opinar, mandar recados ou discordar do que foi escrito, interferindo, assim, no texto virtual); pelo anonimato, em alguns casos, como os das salas de bate-papo abertas, onde pessoas se escondem atrás de um nickname (apelido), criando uma nova ou novas identidades virtuais; dentre outras.

Como se vê, a autora mostra, de maneira muito lúcida, esse novo recurso interativo que, de certo modo, expõe a linguagem aos vários contextos de uso e como a única mediadora entre a comunicação virtual, seja ela verbal, não verbal ou híbrida.

O estudo dos gêneros é, cada vez mais, objeto de estudo nas aulas de Língua Portuguesa, pois eles são as formas textuais fixas que circulam entre as pessoas, possuindo, porém, uma função social bem definida, sejam eles tradicionais ou emergentes. Segundo Lins (2014, p. 205-206):

Os gêneros textuais podem sofrer mudanças nos seus usos e constituições e até mesmo em sua esfera de circulação. Podemos ver isso no caso do bilhete. Com a popularização do telefone móvel, no final da década de 1990 e no início do ano de 2000, as pessoas, pela correria do dia a dia, cada vez menos deixam de utilizar bilhetes em porta de geladeira, por exemplo, para fazerem uso de mensagens eletrônicas, mandadas para outro celular, via SMS (sigla em inglês que significa Serviço de Mensagem Curta/Short Message Service). [...]. Assim, as necessidades passaram a ser outras, os tempos são outros e as tecnologias são outras, bem como os suportes. Ao invés de termos uma simples folha de papel, de qualquer lugar do mundo, principalmente no caráter de urgência ou imprevisto, podemos enviar mensagens eletrônicas curtas para outro aparelho móvel, diferentemente de bilhete que precisava ser algo mais premeditado. Mudou-se, portanto, o suporte. Com isso, percebemos que fatores extralinguísticos como o tempo e o espaço, bem como a intencionalidade e o interlocutor podem alterar o condicionamento de qualquer gênero, embora nem sempre, como afirma Bakhtin, nos damos conta disso. Outro exemplo, devido à Educação a Distância (EAD), são as aulas presenciais, que concorrem atualmente, em ambiente virtual, com as aulas por teleconferências.

Como vemos, nessa longa, mas elucidadora citação do Professor Rafael Lins, os gêneros são manifestações sociais do dia a dia e de fundamental importância para o processo comunicativo. Esses novos tipos provenientes do mundo virtual são merecedores de toda atenção por parte dos professores do século XXI, que deverão inseri-los em seus currículos como prática de sala de aula, inclusive trabalhando com todos os portais eletrônicos que surgem rapidamente no mercado e sempre mais com estruturas sofisticadas.

Analisaremos, no próximo capítulo, essa nova escola que se constitui no início do século XXI, com seus atores, como também, a proposta de um currículo mais contextualizado e significativo que se construa em redes, tendo por base as teorias pós-críticas.

5

A escola parou?

A construção do currículo para o século XXI

A nova escola que se constitui nestes inícios do século XXI deverá ser aquela marcada pelo **humanismo**. A atual sociedade mudou, tornou-se mais autônoma e globalizada, por isso a escola deverá seguir essas transformações que são emergentes e rápidas. César e Gallo (2014, p. 143) informam-nos:

> [...] A complexidade dos saberes requer uma visão interdisciplinar, pois é um conhecimento holístico, que facilita a sua atuação no campo em que vai atuar, ao contrário do ensino disciplinar fragmentado, que dificulta a aprendizagem do aluno, além de não estimular o desenvolvimento de sua inteligência.

Assim, as autoras nos colocam diante de uma postura de didática da mais fundamental importância para as práticas pedagógicas deste início de milênio: o saber interdisciplinar, pois diante de um mundo conectado não se pode perder a visão do todo no processo de ensino-aprendizagem.

Também encontramos na Encíclica *Laudato Si'* do Papa Francisco (2015, p. 70-71) um incentivo ao diálogo entre as disciplina, quando no número 110 afirma:

A especialização própria da tecnologia comporta grande dificuldade para se conseguir um olhar de conjunto. A fragmentação do saber realiza a sua função no momento de se obter aplicações concretas, mas, frequentemente leva a perder o sentido da totalidade, das relações que existem entre as coisas, do horizonte alargado: um sentido que se torna irrelevante. Isto impede de individuar caminhos adequados para resolver os problemas mais complexos do mundo atual, sobretudo os do meio ambiente e dos pobres, que não se pode enfrentar a partir de uma única perspectiva nem de um único tipo de interesses. **Uma ciência, que pretenda oferecer soluções para os grandes problemas, deveria necessariamente ter em conta tudo o que o conhecimento gerou nas outras áreas do saber, incluindo a filosofia e a ética social**[11].

Constata-se hoje, com otimismo, que a escola não parou e que a ciência pedagógica, cada vez mais interdisciplinar, busca caminhos para se adaptar às novas realidades. Para tanto, ela foi transformando as suas teorias curriculares a ponto de no final do século XX já se contemplar as teorias chamadas de pós-críticas. Segundo Lira (2010, p. 67):

As teorias pós-críticas do currículo trazem, em seu campo de reflexão, a construção das identidades a partir das diferenças que se desenrolam a partir dos discursos multiculturalista, pós-modernista, pós-estruturalista e pós-colonialista. Essas identidades são definidas não por questões da natureza, mas é social (as relações) que lhe atribui significados. Na construção social, as identidades poderão ser sufocadas pela linguagem e pelos discursos.

---

11 Grifo nosso.

Como vemos, essas novas teorias tentam ultrapassar algo que já se refletia anteriormente, pois o prefixo **pós** demonstra-nos um avanço na construção significativa dos currículos, que têm o poder de formar novas subjetividades para o mundo. O discurso multicultural situa-se no debate em torno das teorias de gênero, etnia, movimento feminista, raça, sexualidade. O pós-modernismo critica a razão instrumental e opõe o objetivismo e o subjetivismo com relação às explicações das verdades. O currículo pós-estruturalista teoriza sobre os processos de significação da linguagem, trazendo à tona o ideário de Michel Foucault, no que se refere às questões de enunciação do discurso, ou seja, a importância dos contextos históricos para as interpretações do hoje. O discurso passa a ser visto como uma peça arqueológica, pois se apresenta permeado do seu contexto. Os significados são socialmente e culturalmente produzidos. Como último bloco das teorias pós-críticas do currículo temos, ainda, o pós-colonialismo. A sociedade não admite mais divisões de classes e nenhuma espécie de escravismos; aqui temos oposição entre: dominação e resistência; colonizadores e colonizados; oriente e ocidente e, ainda, a união das culturas, raças, arte, variedade nas interpretações; tais dualismos deverão ser vistos e ensinados sem ideias preconcebidas.

O novo currículo que desponta no século XXI permanece com todos esses pré-requisitos das teorias pós-críticas, acrescido de uma preocupação ética e aplicabilidade social, pois só assim a sociedade será transformada para seu benefício próprio.

Essa nova construção se dá por meio de *eixos temáticos*, *projetos didáticos* e *temas transversais* que sejam significativos para os estudantes. Os **eixos temáticos** se desmembram em temas geradores de onde provêm os assuntos que serão ensinados e aprendidos. Por exemplo[12]:

Eixo temático: O corpo humano e suas necessidades	
Tema gerador: Alimentação	• **Conteúdos**: hábitos alimentares, higiene da água, tecnologia de produção de alimentos, pirâmide alimentar, alimentação saudável.
Tema gerador: Reprodução	• **Conteúdos**: ciclo da vida, sexualidade, natalidade, planejamento familiar, gravidez e trabalho, doenças sexualmente transmissíveis.
Eixo temático: Desenvolvimento humano	
Tema gerador: Infância/ Adolescência	• **Conteúdos**: Mortalidade infantil, trabalho infantil, maior idade penal, violência, consumo de drogas, prevenção de acidentes.

Como vemos no quadro acima, há uma relação temática significativa para se chegar aos assuntos que deverão ser estudados. Faz-se, também, necessária uma metodologia condizente com o tema e, se possível, que sejam usadas as várias perspectivas dos sentidos: relacionar imagem (visão) e voz (audição); tocar nos objetos (tato)... Tudo a favor da aprendizagem, pois é para isso que se ensina.

---

12 Quadro produzido em conjunto com Equipe da DEC e Supervisores Pedagógicos da EJA do Recife e Jaboatão. Regional do Sesc-PE.

Os **projetos didáticos** são outra forma de se vivenciar o currículo. Eles acontecem a partir de um planejamento e constante controle. Ao serem elaborados deverão conter: objetivos bem definidos, teorização, justificativa, passos metodológicos e o modo como ocorrerá a interdisciplinaridade, fundamental para os projetos didáticos. Tais projetos desejam, sempre, realizar uma intervenção social para transformação das realidades, ou seja, a aplicação dos conhecimentos no dia a dia dos estudantes, dando nova significação ao estudo. Dentro da temática do projeto é que se escolhem os assuntos que serão abordados nas várias áreas do saber. É importante que a realização dos projetos seja controlada por um supervisor e frequentes reuniões com toda equipe pedagógica envolvida, sem esquecer que ao seu final, deverá ser feita uma avaliação de toda realização, sobretudo observando se houve uma efetiva aprendizagem.

Já os **temas transversais** são importantes na medida em que trazem a realidade para o contexto da sala de aula. Exemplos desses temas, neste início do século XXI, são: a questão racial; a inclusão das pessoas que portam necessidades especiais; questões de gênero; contexto econômico internacional; indígenas, as questões relativas ao meio ambiente e à preservação de nossa casa comum[13], o Planeta Terra, dentre outros. São fundamentais que esses temas perpassem os currículos escolares destes novos tempos.

O currículo escolar, portanto, tem íntima relação com a formação das personalidades, sendo um elemento central

---

13 Cf. subtítulo da Encíclica *Laudato Si'* do Santo Padre, o Papa Francisco. A propósito, esta temática sobre o meio ambiente, será aprofundada no capítulo sétimo deste livro.

do Projeto Político Pedagógico (PPP) da escola, que viabiliza todo o processo de ensino-aprendizagem. Ele representa a expressão da cultura da escola com sua recriação e desenvolvimento constantes. Sendo assim, o currículo é mais do que um simples cronograma de disciplinas, mas um instrumento recheado de inspirações políticas e ideológicas. Por isso sua finalidade, além da propagação da cultura, é a transformação social.

Na teorização do currículo, sempre encontramos três maneiras de nos apresentarmos socialmente: o currículo real, oculto e prescrito. O primeiro é aquele que acontece no dia a dia da sala de aula, nas relações professor/estudantes, em decorrência do PPP e dos planos de ensino; sua característica marcante é a contextualização dos conteúdos e a efetivação daquilo que foi planejado, podendo ocorrer mudanças ao longo do processo em decorrência de novas experiências e valores tanto por parte dos docentes como dos discentes. Essa junção do conhecimento institucional com aquele que é mais vivencial oportuniza uma nova construção que se pode chamar de *saber significativo*.

Já o currículo oculto são todas aquelas influências contextuais e históricas que podem afetar o trabalho do professor e a aprendizagem dos alunos, como: cultura, valores, crenças trazidas pelos atores do processo e compartilhadas em sala de aula. Representa, portanto, aqueles estudantes que aprendem diariamente em meio às várias práticas, atitudes, comportamentos presentes no meio em que vivem. O termo oculto quer dizer que ele não está prescrito (pré-determinado) nos planejamentos ou matrizes curriculares, mas constitui-se de um fator importante para aprendizagem, contribuindo de forma implícita para aprendizagens sociais relevantes. O currículo oculto nos orienta para a vida.

O currículo prescrito é aquele que atribui à escola o papel de transmitir um conhecimento que tem como base a lógica da reprodução, um currículo que é o mesmo para todo um território e para todos os discentes. O professor, apenas, executa aquilo que já foi estruturado, totalmente, fora da realidade dos estudantes. Mesmo recebendo um currículo prescrito, o professor, na sua prática pedagógica, deverá ter a sensibilidade de criar novas alternativas e propostas mais condizentes com seu grupo de trabalho. Também, aqui, deve-se cuidar da escolha do livro didático, que poderá transmitir ideologias dominantes em detrimento das propostas curriculares pós-críticas já refletidas anteriormente. O professor deverá ter o livro didático como um apoio e nunca poderá ser seu refém, já que as escolhas dos conteúdos estão sempre relacionadas com as vivências dos alunos, a fim de que lendo, criticamente, as suas realidades, possam transformá-las (currículo real).

Na construção do currículo, é importante refletir constantemente sobre a prática didática, seja pelos professores ou pelos alunos, pois no campo pedagógico, a reflexão aparece como momento privilegiado para mudanças de atitudes, refacção dos planejamentos, sempre em função da real aprendizagem, já que essa é o objetivo de todo trabalho didático. O professor tem a intenção de ensinar, para isso se esmera, busca caminhos, cria situações e, na reflexão, descobre estratégias mais viáveis para atingir o seu alvo: o aluno que aprende. Segundo o construtivista Jean Piaget, o ato de aprender consiste em acomodar o objeto de ensino na cognição e com ele ser capaz de resolver problemas e dispô-lo em novas situações. Portanto, aquele que aprende adquire competências para construir outras reflexões, fazer observações constantes e chegar diante de outras ideias e conhecimentos originais. Nessa ótica, aprender se difere de reproduzir livros didáticos e anotações do professor.

O conceito de Transposição Didática preconizado por Chevallard (1991) para situações matemáticas, também, poderá ser empregado em todas as áreas do conhecimento. Tal transposição é **o trabalho que transforma um objeto do saber em um objeto de ensino**. Assim, todo projeto social de ensino-aprendizagem se constrói com a determinação dos conteúdos dos saberes (o currículo prescrito) com aqueles que deverão ser, efetivamente, ensinado (o currículo real influenciado pelo currículo oculto). As escolhas do que vai ser ensinado deverão ser feitas pelo professor a partir de uma diagnose de seus alunos. Para tais escolhas sugerimos os seguintes questionamentos:

a) Quais assuntos poderiam ser ensinados de maneira significativa?

b) Como posso fazer com determinado assunto a interdisciplinaridade?

c) Quais metodologias serão utilizadas para facilitar a aprendizagem?

São questionamentos básicos que levam os docentes refletirem sua prática didática no seu dia a dia.

As sucessivas adaptações, muitas vezes, são necessárias na transmissão dos conteúdos a partir de criações didáticas refletidas e transpostas para o cotidiano do aluno. As transposições didáticas são estabelecidas como artifícios para favorecer a apropriação, por parte dos alunos, do conhecimento em pauta. Para que um conteúdo do saber possa ocupar um lugar entre os objetos de ensino, é necessário, na maioria das vezes, passar por transformações para somente então ser designado como saber a ser ensinado. Portanto, uma constante análise da prática didática reflexiva é essencial, pois se percebe que a distância entre objeto do saber e objeto de ensino poderá ser imensa se não houver um replanejar contínuo para facilitar a aprendizagem, já que esta é a função do ensino e a primeira intenção dos professores. Há, por assim dizer, um controle social das aprendizagens nas constantes refacções do currículo na busca de conteúdos significativos.

Como vemos, a escola não parou, está em constante construção porque é contextual e histórica, por isso mesmo o currículo, que dá a essa instituição novos rumos para suas intervenções na sociedade, também está sempre em transformação, no desejo de intervir nas realidades do homem com o objetivo de melhorá-las, humanizando-as.

No capítulo que se segue, veremos como acontece a inclusão social na escola do século XXI.

6
A inclusão na escola do século XXI

A chamada educação inclusiva teve início nos Estados Unidos na década de 1970, e atualmente já é uma tônica nos principais países do mundo.

Por educação inclusiva se entende o processo de inclusão verdadeira de todos aqueles e aquelas que possuem necessidades especiais ou dificuldades de aprendizagem na base comum do ensino, em todos os seus níveis: da pré-escola à pós-graduação, sendo um processo contínuo e que necessita, ininterruptamente, de revisões.

Grande parte da população que ainda é analfabeta é também considerada excluída dos espaços educacionais e, por isso, necessita de uma escola inclusiva, mesmo sendo de faixa etária que foge à regularidade. Conforme Lira (2006, p. 30-31):

> A Conferência Mundial de Educação especial, reunida em assembleia entre os dias 7 e 10 de junho de 1994, na cidade de Salamanca (Espanha), reafirma o compromisso de uma educação para todos, reconhecendo a urgência para com as crianças, jovens e adultos, esses considerados merecedores de uma educação especial por estarem

fora de faixa etária contemplada pela lei. A Declaração de Salamanca, em 1994, propõe uma escola inclusiva, essencial à dignidade humana e ao desfrute e exercício dos direitos humanos, para que os excluídos da escolaridade possam atingir o máximo de progresso educacional e a integração social. Orienta, ainda, para o envolvimento comunitário que deveria vir além das atividades da escola: associação de bairro, de famílias, movimento de jovens e voluntários.

A educação inclusiva supõe práticas pedagógicas diferenciadas, baseadas na noção de que ao educador cabe desenvolver seu trabalho a partir das condições existentes em sua clientela. Essas práticas são concretizadas à medida que a escola adapta-se e constrói respostas educativas para atender às suas demandas. A concepção de prática pedagógica diferenciada e inclusiva ancora-se na tese de que a pluralidade dos alunos deve ser respeitada, e, assim, o estudante com necessidades especiais possa participar, ativamente, da comunidade escolar.

O professor inclusivo deverá ter, portanto, práticas didáticas não segregacionistas, pois contemplarão todos os tipos de sujeitos e as particularidades de suas necessidades. Esse será o educador do século XXI, voltado totalmente à superação das desigualdades sociais e intelectuais dos seus alunos.

A construção de uma escola inclusiva impulsiona a urgente mudança de práticas discriminatórias para aquelas que valorizam a diversidade como riqueza humana e cultural. Até alguns anos atrás, os cursos de formação de professores não se preocupavam com essa nova prática; tudo era pensado e constituído para aquela clientela dita "normal".

Essa nova preocupação – que tomou "fôlego" no início deste século – em formar professores para a escola inclusiva, desemboca na proposta de um trabalho colaborativo e de reflexão sobre a prática pedagógica, que poderá dar nova vida aos seus planejamentos. Assim, surge a possibilidade dos profissionais do ensino terem acesso à produção científica da educação especial, que nos informa das especificidades e generalidades dos processos de aprendizagem e de desenvolvimento dos estudantes que necessitam de maior atenção.

Os saberes docentes, agora, deverão ser compostos por elementos que levem à flexibilidade dos currículos e considerem a diversidade humana na escola. Esta, por sua vez, deverá superar a seleção e ser, de fato, democrática.

Não poderíamos deixar de refletir, neste momento, sobre a postura dos pais daqueles que são portadores de necessidades especiais. Eles, geralmente, ainda se apresentam com três tipos de sentimentos marcantes: o de luto, o de cárcere e de acentuar, apenas, a deficiência, esquecendo as possibilidades. O luto se manifesta no paradoxal sentimento que toma conta dos pais logo ao nascer tal criança, em vez da alegria habitual, tudo fica triste e sombrio. Daí vem o segundo sentimento, o de cárcere, ou seja, faz-se o necessário para superproteger a criança, escondê-la e prendê-la em casa, cercando-a de cuidados, ocasionando, assim, a perda da espontaneidade, levando-a a não garantir as suas próprias defesas. O terceiro elemento, preconizado pelos pais e por toda a sociedade, costuma ver somente a deficiência e esquece-se das possibilidades que são tantas. Por exemplo, pessoas que possuem a Síndrome de Down (SD) aprendem, apesar da sua cognição, caminhar de forma mais lenta, mas, no entanto, são amorosos, desenvolvem sentimentos artísticos com afinco, pintam, cantam, aprendem receitas culinárias e a praticam, interagem.

Para que uma criança ou adulto, que tenha ou não a SD, aprenda efetivamente, devem-se considerar alguns aspectos individuais que vão determinar a sua aprendizagem: a personalidade, seu grau de interesse e motivação, capacidade intelectual, seu ritmo pessoal de trabalho e de progresso.

Cada um terá seu tempo, exigindo-se respeito e uma adaptação adequada, para que todos evoluam em seu processo de aprendizagem. Com frequência, a lentidão é dura para o professor que sempre espera avanços rápidos e resultados concretos. Mas, ao apressar o processo, corre-se o risco de provocar nos alunos sentimentos de frustração e desmotivação, ocasionando o fracasso escolar.

Tampouco convém ir mais devagar do que a criança necessita, porque podemos provocar aborrecimento, falta de interesse e pouco esforço mental, especialmente na presença de repetições mecânicas dos mesmos exercícios e atividades. É fato conhecido que alunos com a Síndrome de Down (SD) necessitam de mais práticas e repetições, mas é importante que se varie a apresentação do material para evitar rotina e desinteresse.

O desenvolvimento cognitivo de alunos com SD passa pelas mesmas etapas do desenvolvimento cognitivo das crianças que não a têm, porém de maneira mais lenta, pois apresentam dificuldades de superação em algumas etapas, como patamares mais extensos entre as novas aquisições. Isso, porém, não significa necessariamente parar ou estacionar o processo de aprendizagem; representa apenas um tempo de consolidação e apropriação das aquisições anteriores. É comum, também, um período de retrocesso entre uma evolução e outra, necessário para tal aluno experimentar e se apropriar da habilidade adquirida, retomando-a para seguir adiante.

O professor inclusivo está criando, constantemente, situações de aprendizagem que sejam ricas de estímulos e que permitam a cada aluno, sem exceção, o desenvolvimento máximo de seu potencial.

Falemos um pouco daqueles estudantes que possuem perda total ou parcial, congênita ou adquirida, da audição. A surdez está intimamente ligada aos problemas de fala, por isso se classifica quanto ao período de surgimento como: pré-linguística ou pós-linguística (surdez adquirida). A surdez é pré-linguística, como o nome já diz, quando ocorre antes da aquisição da linguagem oral; já a adquirida se dá depois que a pessoa inicia o processo de aquisição da linguagem, em média, após os dois primeiros anos de vida.

No processo de aquisição de linguagem, a criança surda poderá apoiar-se na leitura labial e na língua de sinais (Linguagem Brasileira de Sinais – Libras). Aqui, chamamos atenção para a diferença existente entre a falta de desenvolvimento da linguagem e a perda da mesma. A falta de desenvolvimento consta da ausência dos elementos de representações mentais e envolve, diretamente, a questão da estrutura do pensamento; o que difere da perda, que é o processo de desuso da linguagem por conta da surdez que surge após o período de aquisição.

No caso da surdez pós-linguística, é possível a criança manter a linguagem oral por meio de constantes estimulações, realizada com o auxílio da linguagem de sinais. Fonoaudiólogos já observaram que crianças ao aprenderem as Libras logo na infância apresentam um desempenho social melhor do que as que são "oralizadas" antes de aprenderem a linguagem dos sinais.

A esfera visual e a expressão corporal são de grande importância no processo de comunicação do surdo. Portanto, para o ouvinte que pretende entrar em contato com o mundo das Libras é necessário o desenvolvimento de sua expressão corporal e facial. O professor inclusivo não poderá se furtar a essa nova aprendizagem, não para ser um especialista, mas para saber o mínimo e contribuir com seus alunos portadores dessa necessidade.

Jesus Cristo, ao longo de sua trajetória missionária, tinha como preocupação maior a inclusão social. Ele sempre perdoava e chamava para si os excluídos da sociedade no seu tempo, compadecendo-se, sobretudo, dos mais fracos, doentes e pobres. Ao curar um surdo na região da Decápole, em pleno território pagão, deu àquele homem a possibilidade de sua integração social:

> Trouxeram então um homem surdo, que falava com dificuldade, e pediram que Jesus lhe impusesse a mão; Jesus se afastou com o homem para fora da multidão; em seguida colocou o dedo nos seus ouvidos, cuspiu e com a saliva tocou a língua dele. Olhando para o céu, suspirou e disse: "Efatá!", que quer dizer "Abre-te!" Imediatamente seus ouvidos abriram, sua língua se soltou e ele começou a falar sem dificuldade. Muito impressionados, diziam: "Ele tem feito bem todas as coisas: aos surdos faz ouvir e aos mudos falar" (Mc 7,32-35.37).

Deverá ser essa a postura do professor inclusivo: dar a vez, se não dar a voz, àqueles que têm tantas possibilidades para interagir e contribuir no processo educacional.

O sociointeracionista Vygotsky, a fim de que as crianças não ficassem condicionadas ao excesso de estimulação sensorial, criticou, severamente, a forma do desenvolvimento da educação em crianças com necessidades especiais, fundamentando, a partir de sua concepção histórico-cultural do desenvolvimento das funções psicológicas superiores, a necessidade de mudanças significativas na educação. Sabe-se que a motivação sensorial, como sons, gestos e tudo que se refere aos elementos sinestésicos, em alunos com essas necessidades, são de extrema importância. Tudo deve ser feito de modo equilibrado, sem muitas cobranças e esforços exagerados, para não virar uma neurose a ponto de atrapalhar (ou bloquear) os processos cognitivos dos alunos, e nem poderá ser generalizado, pois, como vimos, cada estudante tem a sua individualidade, o seu tempo e o seu ritmo durante o processo de aquisição do conhecimento. O professor deverá favorecer a criação de espaços comunicativos, estimulando o desenvolvimento da condição de sujeito, negada pelas posições assistencialistas e paternalistas.

Também os adeptos de drogas ou ex-dependentes deverão ser resgatados, por meio da educação, nessa proposta de inclusão escolar. A droga será vencida quando o professor e toda equipe pedagógica buscarem profissionais competentes para tentar solucionar o problema. Por outro lado, toda comunidade estudantil é convidada a oferecer muito amor e compreensão a esses estudantes, nunca os diferenciando dos demais.

A título de ilustração, vejamos o depoimento de um ex-dependente:

Andava na noite como um zumbi, na noite fria dos "jacarés".
A minha noite do vampiro escondia a criatura do cérebro atômico. O cão de duas cabeças, o alienígena "eu criador".
Vivia indeciso entre duas ideias: "caretice suprema ou êxtase melancólico?" Era esta uma questão incessante. Dor e prazer, esquecimentos. Planos frustrados ou que preenchiam meia página de linhas rabiscadas.
Quando chorava, ria e alucinado via coisas, ouvia vozes benignas e malignas. Tudo acontecia.

Morava em outro planeta. Noite e dia se confundiam dentro de minha cabeça paranoica; lento como uma tartaruga sem rumo.

A caverna era o "beco esfumaçado"; tinha vertigem e caía cansado. O rosto era enferrujado, já não havia resquício de felicidade.

A família temia, quando me via daquela forma: drogado. Tornei-me escravo do prazer, tudo que tinha vendia para conseguir a psicotrópica droga. Inferno de minha mente, caos! Quando você está na pior, os rostos emergem da chuva; quando você é estranho, estrangeiro, não há aviões para te levar para casa, mas quando você vai se jogar no abismo, há sempre um anjo que às vezes te salva. Então você pensa: "Preciso voltar!!!!!!!"

Era um dia claro, de azul estonteante... Os pássaros voavam de árvore para árvore. Os carros percorriam as ruas indo e vindo. Uma mãe amamentava sua criança no banco de uma praça. O barulho das máquinas, o barulho dos homens; era a realidade me chamando.

E ao ouvir a vida me chamando, decidi: "Adeus drogas!"

Hoje busco ajuda no Centro Eulâmpio Cordeiro de Deus (antes, eu era ateu), em Buda, na religião cósmica e de pensamentos positivistas. E termino este blá-blá-blá com o pirado Chico Ciências que se foi devido às drogas:

"Deixar que os fatos sejam fatos naturalmente, sem que sejam forjados para acontecer. Deixar que os olhos vejam os pequenos detalhes lentamente. Deixar que as coisas que lhes circundam estejam sempre inertes como móveis inofensivos para te servir quando for preciso e nunca te causar danos, sejam eles morais, físicos ou psicológicos."

É velho!... Bobeira é não viver a realidade[14].

Assim, vemos que a vontade de incluir e a paixão pelo ser humano podem efetuar grandes mudanças nessa parcela da população que ainda vive na dependência química das drogas ilícitas. O autor do texto acima faz referência a um anjo que apareceu em sua vida para salvá-lo. No caso dele, trata-se, com certeza, dos profissionais do Centro de Apoio Psicossocial Eulâmpio Cordeiro. Cremos que nós, professores inclusivos, somos esses anjos que entendem, apoiam e resgatam tais estudantes já tão marginalizados e excluídos do mundo da cultura e da sadia convivência social.

No processo de inclusão escolar, as subjetividades dos seus atores deverão ser levadas em conta; e não se pode esquecer que o ensino é processual, de caráter qualitativo, construtivo e interativo, em que cada um desenvolve as suas potencialidades para o bem do grupo, com respeito às diferenças e garantia da unidade; sobretudo quando se lida com agentes que possuem características cognitivas especiais. Sendo assim, a escola que se preocupa com a verdadeira inclusão social acolhe a todos, sem exceção: os portadores de necessidades especiais, os ditos "normais", todas as raças, os dependentes químicos, os indígenas; pois é sabido que essa heterogeneidade só enriquece o cenário pedagógico, tornando todos mais humanos. Não se faz necessário indagar em formulários e entrevistas sobre a raça das pessoas ou cor da pele, já que somos todos iguais;

---

14 Este texto tem como autor um jovem que fez tratamento no Centro de Apoio Psicossocial Eulâmpio Cordeiro, na cidade do Recife. O autor permitiu que esse desabafo fosse utilizado pela equipe do Centro, no intuito de esclarecer as pessoas sobre o triste mundo dos usuários de drogas. A psicóloga do referido Centro, Káthia Falcone, cedeu-nos o texto em uma formação continuada com professores da Educação de Jovens e Adultos (EJA) do Sesc-PE, realizada no município de Garanhuns-PE, em julho de 2006.

gente, e isso basta. Tal indagação, a nosso ver, é exclusão. E essa é a finalidade da escola desses inícios do século XXI, em que o conhecimento, na forma de informação, chega mais rápido e por isso deverá ser processado com a mesma rapidez e eficácia. Bazarra et al. (2006, p. 85) afirmam:

> O desafio maior do ser humano é o de fazer de sua vida uma vida boa. Que tenha valido a pena o tempo. E para esse desafio, que possamos pôr em jogo não somente nossa própria experiência, mas o conhecimento e a vida de outros. Não partimos do zero. Há toda uma história de como viver em cada disciplina, em cada texto, em cada exemplo, que serve para escolher um sim ou um não e que nos lembra de que não estamos sozinhos na tarefa de nos fazermos. Temos a possibilidade de inventar, de criar, sabendo que a plenitude só pode ser trocada quando escolhemos aquilo que nos permite adjetivar-nos como humanos: a curiosidade, a liberdade, a paixão pela justiça, a compaixão, a ternura, o sorriso, o jogo, o entusiasmo, a busca da beleza.

Portanto, é nos humanizando, por meio da troca de experiências, que aportaremos a um verdadeiro ideal de sociedade, preconizada pelo respeito às diferenças e pela aprendizagem dos elementos que provêm dos diversos contextos sociais.

Sabe-se que educar é empenhar-se em fazer o outro crescer, desenvolver-se, evoluir. Aprendemos quando, juntos, resolvemos nossas dúvidas, superamos nossas incertezas e satisfazemos nossas curiosidades. Nesse sentido, uma escola para todos não desconhece o conteúdo acadêmico, não menospreza o conhecimento científico sistematizado, mas não se restringe somente a isso. Ela vislumbra todas as formas de conhecimento e, sobretudo, aquelas que vêm das experiências dos estudantes em todos os patamares da cognição, pois cada ser humano, sem exceção, tem algo com que contribuir para o crescimento e a transformação social.

Infelizmente, o ensino curricular de muitas das nossas escolas ainda se organiza em disciplinas isoladas, compartimentalizando os conhecimentos em vez de reconhecer as suas inter-relações. É na interdisciplinaridade que fazemos cultura.

Os conhecimentos evoluem em constantes contextualizações, integrando os saberes em redes de entendimento, reconhecendo o caráter multidimensional dos problemas, mas também de suas soluções.

Na perspectiva da inclusão, *suprime-se* a subdivisão dos sistemas escolares nas modalidades de escola especial e de escola regular. O ensino passa a atender as diferenças sem discriminações, sem realizar trabalhos e tarefas à parte com alguns estudantes.

A Constituição Federal de 1988 garante direito à igualdade e, no artigo 205, afirma que todos têm direito à educação. Esse direito deverá levar ao "pleno desenvolvimento da pessoa, seu preparo para a cidadania e sua qualificação para o trabalho". E como princípio para o ensino, o artigo 206, inciso I, aborda a "igualdade de condições de acesso e permanência na escola", afirmando ainda, no artigo 208, inciso V, que o "dever do Estado com a educação será efetivado mediante a garantia de acesso aos níveis mais elevados do ensino, da pesquisa, da criação artística, segundo a capacidade de cada um".

Como vemos, a Constituição não faz ressalvas, garantindo a todos o acesso à educação. Sendo assim, nenhuma escola poderá excluir pessoas em razão de sua origem, raça, condição social, idade, sexo, cor ou deficiência.

Mantoan (2003) propõe recriar o modelo educativo na perspectiva inclusiva, reorganizando as escolas de acordo com os seus aspectos pedagógicos e administrativos. Esse novo modelo necessita de um ensino de qualidade que possa tornar a sociedade mais evoluída e humanitária: aproximando os alunos entre si, tratando as disciplinas como um meio de conhecer melhor o mundo e as pessoas, tendo como parceiras a família e a comunidade onde se inserem seus estudantes. Esse ensino de qualidade deverá, ainda, prever ações educativas que se pautem na cooperação, na solidariedade, no equilíbrio (sobressaindo ora o lógico, o intuitivo, o sensorial, ora os aspectos afetivo-sociais dos alunos). Esses novos espaços construirão personalidades autônomas e críticas. Dessa forma, crianças, jovens e adultos aprendem a ser e a pensar para transformar. Para a autora

> A inclusão não prevê a utilização de práticas de ensino específicas para esta ou aquela deficiência e/ou dificuldade de aprender. Os alunos aprendem nos seus limites, e se o ensino for, de fato, de boa qualidade, o professor levará em conta esses limites e explorará convenientemente as possibilidades de cada um. Não se trata de uma aceitação passiva do desempenho escolar, e sim de agirmos com realismo e coerência e admitirmos que as escolas existem para formar gerações, e não apenas alguns de seus futuros membros, os mais capacitados e privilegiados (2003, p. 67).

Outro aspecto importante da escola inclusiva é a descentralização da gestão administrativa, que poderá acontecer por meio dos conselhos de classe, colegiados e assembleias de pais e alunos. Quanto à atuação do professor, ele deverá garantir a liberdade e a diversidade de opiniões dos estudantes e saber atuar com aqueles que portam necessidades especiais. Para isso, sugere-se que as licenciaturas tenham, de modo mais profundo, em suas bases curriculares, disciplinas que favoreçam a uma formação dos docentes para a verdadeira inclusão, pois muitas vezes o discurso é inclusivo, mas as práticas pedagógicas permanecem tradicionais. Sabemos que hoje já são oferecidos cursos de especialização (*lato sensu*) em que se insere a disciplina de Educação Inclusiva, para formar professores e profissionais de áreas afins, como nos cursos de Psicologia, Fonoaudiologia e Terapia Ocupacional. Mas observa-se uma necessidade urgente de se transpor à teoria e se chegar a uma prática eficaz. Esses estudos levarão o professor a se autoavaliar, constantemente, como nos diz Mantoan (op. cit., p. 87):

> Se um aluno não vai bem, seja ele uma pessoa com ou sem deficiência, o problema precisa ser analisado com relação ao ensino que está sendo ministrado para todos os demais da turma. Ele é um indicador importante da qualidade do trabalho pedagógico, porque o fato de a maioria dos alunos estarem se saindo bem não significa que o ensino ministrado atenda às necessidades e possibilidades de todos.

Então, o sucesso da inclusão escolar tem por base os seguintes elementos: o reconhecimento e a valorização das diferenças; a cooperação entre os implicados no processo educativo (dentro e fora da escola); professores conscientes do modo como atuam para promover a aprendizagem de todos, trazendo, assim, novos enfoques curriculares, novas metodologias e estratégias pedagógicas que possibilitem a construção coletiva do conhecimento. E, assim, poderemos dizer que a inclusão escolar é possível, porque parte de um real esforço comum na busca de um mundo mais humano.

Com essas propostas inclusivas, partiremos para o último capítulo de nosso compêndio que aprofundará propostas para os professores do século XXI.

7

O professor do século XXI

Novos rumos

Para iniciar este capítulo, indagamos: Que professores queremos para o século que se inicia? O que deve ser feito para que as posturas antigas sejam substituídas?

Faz-se necessário, primeiramente, formar um professor com competências para os novos anseios da educação. Gerenciar a formação acadêmica e continuada dos profissionais do ensino é uma responsabilidade de grande desafio. Dentro da escola, o documento norteador é o Projeto Político Pedagógico (PPP), que consolida informações e procedimentos para os docentes de determinada instituição, juntamente com os conteúdos eleitos pela comunidade científica, como também as demandas contextuais das salas de aula. Esses três pilares devem constituir a formação básica do professor deste século.

A rapidez com que as investigações das ciências relacionadas à educação têm sido feitas e divulgadas obriga qualquer escola e a todos os profissionais da pedagogia a um compromisso com a sua formação continuada.

Convivem nos ambientes educacionais profissionais de diferentes estágios de formação, constituindo uma comunidade heterogênea dentro da própria escola. A gestão para a efetiva formação contínua deve, portanto, considerar, além dos desafios inerentes a essa tarefa, a diversidade dos educadores e suas distintas necessidades. Tal diversidade só enriquece as escolas fazendo com que as variadas experiências e pontos de vista circulem, ponham-se em confronto, para a construção dos novos saberes.

Esse novo profissional do ensino não é mais somente aquele que informa, pois tal função, agora, é feita com rapidez e certa exatidão por meio do computador. Se a base da prática didática não é mais a mera informação, qual a verdadeira função dos docentes hodiernos? O computador dá a informação, mas é o professor que faz a mediação, oferece sentidos aos conteúdos e ensina para a aplicação social com ética, a partir de valores que humanizam. Mas o computador não é o centro das práticas didáticas, pois o sujeito do processo vai ser sempre o estudante com a mediação de seu professor. Cortela (2014, p. 94-95), ao tratar dessa relação nos diz:

> E aí qualquer um de nós, na ansiedade de modernizar o modelo pedagógico, eletrifica sofregamente a sala de aula ou, mais desesperadamente, sonha em fazer isso, imaginando o quanto o trabalho seria espetacular com esses instrumentos. Daí, se possível, enche de coisa eletrônica, como se, para fazer algo que interesse às pessoas, precisasse eletrificar continuamente o processo, metendo aparelhos eletrônicos ligados para todo o lado, dizendo que, como os alunos estão habituados com isso, precisamos modernizar o ensino. Depende da finalidade, de para onde se desejar ir; se você sabe para onde quer ir, vai usar a ferramenta necessária. **O que se deve modernizar não é primeiramente a ferramen-**

ta, mas sim o tratamento intencional dado ao conteúdo![15] Por isso, é preciso trazer sempre na memória o ditado chinês que diz que, "quando você aponta a lua bela e brilhante, o tolo olha atentamente a ponta de seu dedo".

O autor acima demonstra, de maneira lúcida, como deve ser o uso desses equipamentos eletrônicos nas práticas didáticas; não é só encher o ambiente escolar com o que há de mais sofisticado no mundo da eletrônica, mas antes de tudo é saber como se vai tratar, intencionalmente, o conteúdo; e, assim, o computador com os outros recursos didáticos eletrônicos entram como facilitadores da aprendizagem. Portanto, os usos desses equipamentos deverão estar sempre a serviço da expressão didática, pois, ao contrário, somente dificultaria a concentração e a consequente aprendizagem. Não adianta oferecer, por exemplo, gratuitamente, tablets para alunos e professores sem antes treiná-los para a utilização pedagógica dos mesmos.

O professor, por sua vez, agora é acima de tudo um **pesquisador** e não mais um repassador de informações. Sendo uma pessoa que reflete e faz progredir a ciência, busca, constantemente, a sua qualificação por meio da **formação continuada**.

Por conta das NTICs faz-se necessário que ele esteja sempre **conectado** à rede para saber como usá-la, com fins pedagógicos, partindo dessa nova fonte do saber da qual não se pode mais ignorar.

É aquele que educa para o saber fazer, **sem perder de vista a ética**, tão necessária nos tempos atuais. **Educa, ain-**

---

15 Grifo nosso.

da, para o amor, pois, diante da sociedade secularizada e egocêntrica que se apresenta nestes inícios do século XXI, é urgente uma retomada das atitudes altruístas que se dá a partir do amor gratuito ao outro, também, construto e cuidador do planeta.

Esse profissional da educação, também deverá ser **um líder** que propõe o **trabalho em equipe**, em que os **conhecimentos prévios** dos estudantes são aproveitados na perspectiva de ressignificação do ato de aprender, como também pela riqueza do pôr em comum as experiências vividas.

É, também, necessário que o professor do século XXI use as atividades avaliativas para **autorreflexão** de suas práticas pedagógicas, como também, para observar o que os estudantes ainda não aprenderam, e refazer o seu planejamento até que eles aprendam, pois para isso está na função de ensinar. A **avaliação**, portanto, é um instrumento de **tomada de decisões**.

É importante que o professor ministre suas aulas sem perder de vista a **interdisciplinaridade**, por isso deverá inter-relacionar os saberes, já que não somos fragmentados. Nessa intersemiose temos uma visão de conjunto do processo de ensino-aprendizagem.

Nesse sentido, propomos algumas formas de se **inter-relacionar o saber** de maneira significativa e prazerosa para o ato de aprender. Por exemplo, a Língua Portuguesa poderia se debruçar em cima das produções textuais, nas várias linguagens, sejam elas verbais ou não verbais, com destaque para os vários tipos e gêneros textuais, pois são eles que encontramos socializados em diversos portadores de textos nos dias de hoje, como o computador que é um suporte textual que acopla todos os tipos linguísticos, inclusive com a presença do hipertexto[16], como já vimos, que surgiu com o advento da internet. Mas como motivar os estudantes a produzir textos e a ler bem? Vejamos o que nos diz Antunes (2003, p. 71): *"[...] A leitura possibilita a experiência gratuita do prazer estético, do ler pelo simples gosto do ler. Para admirar, para deleitar-se com as ideias, com as imagens criadas, com o jeito bonito de dizer literariamente as "coisas"".* E, ainda, a mesma autora às p. 81-82:

> [...] a leitura se torna plena quando o leitor chega à interpretação dos aspectos ideológicos do texto, das concepções que, às vezes, sutilmente, estão embutidas nas entrelinhas. O ideal é que o aluno consiga perceber que nenhum texto é neutro; que, por trás das palavras mais simples, das afirmações mais triviais, existe uma visão de mundo, um modo de ver as coisas, uma crença. Qualquer texto reforça ideias já sedimentadas ou propõe visões novas.

Vemos com o texto acima, da Professora Irandé Antunes, a grande importância de se ler as entrelinhas (o implícito), a fim de se chegar à verdadeira interpretação que vai ser fruto dos contextos sociais, dos conhecimentos de mundo (linguístico), assim como dos elementos da textualidade. Neste século, os verdadeiros sentidos dos textos estão mais velados, sobretudo os veiculados pela mídia: *outdoors*, propagandas, títulos de capa dos periódicos... Tais interpretações serão sempre recontextualizadas. De grande importância apresenta-se, também, o trabalho com a oralidade, pois o mundo de hoje necessita de profissionais que saibam se expressar oralmente e com fluência lógica.

---

16 O mesmo que link. Quando, na internet, um texto remete para outro texto, com finalidade de maior aprofundamento.

Na Arte, poderia se trabalhar com a diversidade histórico-cultural; a Geografia poderia se deter em aspectos de relevo, bacias hidrográficas; já a Matemática estudaria contas de luz, extratos bancários, pois são realidades do cotidiano; Ciências e Biologia se preocupariam com o racionamento da água e energia. Língua Inglesa poderia trabalhar em parceria com a Língua Portuguesa e estudar o gênero biografia que, além de levar o estudante a uma autorreflexão, também o impulsiona a estudar o tempo passado dos verbos. A propósito desse gênero, Feitosa (2014, p. 61) faz a seguinte consideração:

> Podemos afirmar que as narrativas de vida constituem uma matéria-prima de grande valor para criar um fio condutor entre a constituição de identidades e o letramento, desenvolvendo os propósitos da leitura e da escrita escolares de forma significativa. A produção de gêneros textuais constituídos a partir de histórias de vida: a biografia, a autobiografia, as memórias literárias, o memorial e outros devem, portanto, ter espaço nas propostas pedagógicas escolares.

Isso, porque, neste século, cada vez mais se tem a necessidade da autorreflexão, tanto no processo de ensino-aprendizagem por parte de professores e estudantes como também na vida de todo ser humano. Essa característica facilita a qualificação profissional, pois, refletindo sobre as práticas, podemos refazer nossas posturas com o intuito de melhorar a nossa atuação em qualquer lugar social onde estejamos. A Professora Laurismar Feitosa, nessa sua reflexão, incentiva-nos a trazer o cotidiano para as práticas de sala de aula, e nada melhor do que pensar sobre as vivências significativas para motivar os estudantes a intervir com criticidade em suas realidades históricas. Foi com esse olhar que trouxemos essas sugestões para a construção de um currículo significativo e interdisciplinar, na tentativa de relacionar os saberes de maneira holística e global.

Gerenciar a formação continuada dos professores de uma escola, assim como preparar os novos profissionais para assumir uma sala de aula são responsabilidades que implicam grandes desafios. Nas constantes reformas educacionais, sejam nacionalmente, como mais contextualizadas, por meio do Projeto Político Pedagógico (PPP) de cada escola, aumentam-se mais informações e procedimentos, os quais esse profissional da educação deve adquirir para poder responder às demandas das instituições escolares em que atuam.

Nem sempre há tempo hábil para uma capacitação prévia que, de fato, habilite o professor para a atuação pedagógica e educacional coerentes com os princípios da escola. Assim, grande parte dessa formação é feita com o profissional em serviço, já em sala de aula.

Além do mais, a rapidez com que os estudos investigativos das ciências relacionadas à educação têm sido feitos e divulgados, obriga, de certo modo, a todos os profissionais da área a assumir um compromisso com a sua formação continuada. Tal formação deve considerar, além dos desafios inerentes à tarefa de educar, a diversidade dos educadores e as suas necessidades específicas. Desse modo, estaremos formando educadores competentes no exercício de sua função social, que é a preparação do indivíduo para as demandas do trabalho e pesquisa que visem os valores humanitários e éticos tão necessários neste início de século. Esse novo educador é aquele que ajuda o educando a encontrar sentido e significado em suas aprendizagens, por meio de estratégias que favoreçam o desenvolvimento de todas as suas potencialidades.

As novas perspectivas educacionais se referem à importância do aluno aprender com autonomia, e isso vale para qualquer que seja o percurso de aprendizagem. Vale, ainda, para o professor enquanto aprendiz dos saberes a ensinar e dos saberes relativos ao como ensinar, ou seja, as questões de didática do ensino. Aprender a aprender é algo possível, apenas, para quem já aprendeu muita coisa. Para aprender a aprender, aquele que aprende precisa ter domínio dos conhecimentos de diferentes naturezas, tendo, também, a capacidade de se lançar com autonomia nos desafios da construção do conhecimento. O pesquisador maduro, que reflete as suas práticas pedagógicas, tem maior possibilidade de elaborar estratégias que facilitem a sua própria aprendizagem, como também, a dos seus alunos. Lembramos, aqui, que a autorreflexão a partir do registro escrito é de grande importância nesse processo de aprendizagens mútuas.

O professor do século XXI não poderá ignorar as atuais reflexões sobre o meio ambiente e a sustentabilidade. Observa-se um cenário devastador diante da destruição dos recursos naturais; poluição causada por transportes que afeta diariamente as pessoas; gases das indústrias; resíduos domésticos, comerciais e clínicos transformando o nosso habitat em um imenso lixão. O clima, também, encontra-se com alterações. Segundo os cientistas estamos diante de um aquecimento climático; tal aquecimento ocorre pela alta concentração de gases com efeito estufa, como o anidrido carbônico, metano, óxido de azoto e outros. Gases esses emitidos pela atividade do próprio homem. O Papa Francisco (2015, p. 22-23, n. 24) explica-nos muito bem como acontece esse aquecimento:

> Por sua vez, o aquecimento influi no ciclo do carbono. Cria um ciclo vicioso que agrava ainda

mais a situação e que incidirá sobre a disponibilidade de recursos essenciais como a água potável, a energia e a produção agrícola das áreas mais quentes e provocará a extinção de parte da biodiversidade do planeta. O derretimento das calotas polares e dos glaciares a grande altitude ameaça com uma libertação, de alto risco, de gás metano, e a decomposição da matéria orgânica congelada poderia acentuar ainda mais a emissão de anidrido carbônico. Entretanto, a perda das florestas tropicais piora a situação, pois estas ajudam a mitigar a mudança climática. A poluição produzida pelo anidrido carbônico aumenta a acidez dos oceanos e compromete a cadeia alimentar marinha. Se a tendência atual se manti-ver, este século poderá ser testemunha de mudanças climáticas inauditas e de uma destruição sem precedentes dos ecossistemas, com graves consequências para todos nós. Por exemplo, a subida do nível do mar pode criar situações de extrema gravidade, se se considerar que um quarto da população mundial vive à beira-mar ou muito perto dela, e a maior parte das megaci-dades está situada em áreas costeiras.

Como nos alerta o papa, a vigilância para a preservação do meio ambiente deverá ser contínua se quisermos nos livrar desse aquecimento global e do consequente derretimento do gelo das calotas polares e glaciais.

Não podemos perder de vista, também, a questão da água potável que está cada vez mais escassa. Isso por conta do desperdício e do lixo que a contamina. É tarefa do professor despertar entre os estudantes a consciência urgente da preservação da água que é, sempre, garantia de vida para os seres vivos de nosso planeta. *"Isso mostra que o problema da água é, em parte, uma questão educativa e cultural, porque não há consciência da gravidade desses comportamentos num contexto de grande desigualdade"* (2015, p. 25-26, n. 30).

Como vemos, não poderá faltar no currículo deste século uma preocupação primordial com as questões ambientais, pois, a partir de uma boa conscientização e mudança de hábitos na construção de um mundo sustentável, estamos contribuindo para com o futuro das gerações que estão por vir.

Os teóricos modernos são uníssonos quando falam das características do professor para o século XXI, apresentando seis eixos:

1) Ter boa formação: é fundamental uma formação sólida para o profissional do ensino, pois deverá estar seguro daquilo que deseja transmitir aos seus alunos. Essa característica é dada pela universidade (academia). Por sua vez, aquele que se prepara para a docência deverá empenhar-se em adquirir uma formação sólida, evitando toda superficialidade ou plágios de outrem. Essa característica leva o professor a tornar-se um pesquisador que sempre busca soluções e reflete sobre os conteúdos ministrados na sua prática cotidiana.

2) Usar as novas tecnologias: como já dissemos, todos os recursos do mundo da informação devem perpassar as práticas didáticas. Deverão ser utilizados como aliados do professor e facilitadores do processo de aprendizagem. Com as novas tecnologias da informação, temos um novo paradigma de docência, pois o professor não é mais aquele que informa, pois o computador faz isso até de maneira mais rápida do que ele. Por exemplo, as aulas não deverão ser mais lugar de conceituação e de dados prontos, mas um momento de construção conjunta. O professor, por sua vez, aparece para mediar aquilo que a máquina não pode fazer, ou seja, mostrar a aplicação da informação na sociedade, os valores que deverão ser construídos como: alteridade, humanismo, equidade, igualdade, respeito às culturas. Tudo isso feito com ética. Essa nova postura do educador poderá transformar o mundo para a convivência saudável que se opõe à violência e a tudo aquilo que destrói. Ainda, quanto às Novas Tecnologias da Informação e da Comunicação (NTICs) e à ética assumimos a ideia do Papa Francisco (2015, p. 67, n. 105):

> [...] A verdade é que "o homem moderno não foi educado para o reto uso do poder", porque o imenso crescimento tecnológico não foi acompanhado pelo desenvolvimento do ser humano quanto à responsabilidade, aos valores, à consciência. Cada época tende a desenvolver uma reduzida autoconsciência dos próprios limites. Por isso, é possível que hoje a humanidade não se dê conta da seriedade dos desafios que se lhe apresentam, e "cresce continuamente a possibilidade de o homem fazer mau uso do poder" quando "não existem normas de liberdade, mas apenas pretensas necessidades de utilidade e segurança". O ser humano não é plenamente autônomo. A sua liberdade adoece quando se entrega às forças cegas do inconsciente, das necessidades imediatas, do egoísmo, da violência brutal. Nesse sentido, ele está nu e exposto diante do seu próprio poder que continua a crescer, sem ter os instrumentos para o controlar. Talvez disponha de mecanismos superficiais, **mas podemos afirmar que carece de uma ética sólida, uma cultura e uma espiritualidade que lhe ponham realmente um limite e o contenham dentro de um lúcido domínio de si**[17].

---

17 Grifo nosso.

Como vemos acima, o Santo Padre é incisivo ao tratar do domínio do homem sobre a técnica que poderá se voltar contra ele próprio. Tal domínio deverá ter por base a ética e a preocupação com o outro, pois toda ciência e técnica só têm sentido nessa perspectiva. Os educadores do século XXI deverão conduzir os estudantes nessa perspectiva, cada vez preocupando-se mais com a melhoria da qualidade de vida do planeta.

3) **Atualizar-se nas novas didáticas**: que se centram no aluno como sujeito de todo processo educativo. Daí a importância de se fazer uma diagnose da turma e de cada estudante antes de começar a intervenção didática, pois assim podem-se aproveitar os conhecimentos prévios e compartilhados e construir os novos saberes em cima das experiências que os alunos já trazem dos seus contextos de vida. As aulas deverão ser montadas com conteúdos significativos e que possuam aplicabilidade social. As novas didáticas que se opõem às práticas da escola tradicional apresentam a avaliação como um momento de juízo de valor para se tomar decisões, portanto, deverá ser contínua e por meio de vários instrumentos, sempre a favor da aprendizagem. Mesmo apresentando essa perspectiva mais sociointeracionista, o professor do século XXI deverá ficar atento aos novos paradigmas educacionais.

4) **Trabalhar em equipe**: já é uma tradição dividirem-se as relações de pessoas em quatro aspectos posturais: o **bando**, que é apenas um aglomerado de pessoas sem rumo e objetivos; a **corporação**, como o conjunto de indivíduos alinhados num mesmo objetivo que possuem

regras claras a serem cumpridas de maneira verticalizada, com a presença marcante daquele que comanda de modo autoritário; o **grupo**, que se apresenta com uma liderança menos radical, mas que a ideia do chefe ainda domina e há certa rivalidade entre seus membros com relação àquele que é o melhor; e, finalmente, a **equipe**, lugar do compartilhamento em que todas as pessoas são importantes. Aquilo que se faz é para o bem dos demais membros e o coordenador é um líder humilde que aprende com todos, escuta e agrega, tomando decisões horizontalizadas como um dos membros da equipe.

5) Planejar e avaliar sempre: o planejamento é fundamental para as práticas docentes. Ele é contextual e dinâmico, muda conforme o desenvolvimento do aluno e da turma, estando intrinsecamente ligado ao currículo. É importante ter clareza durante todo o processo de ensino, daí a importância das seguintes indagações que deverão estar sempre presentes na cabeça de cada professor: O que ensinar? Para quê? Por quê? Como? O planejar responde a essa última indagação. É neste momento que se opta pelo tipo de aula: expositiva, leitura de texto motivador, trabalho de grupo, como também pelos recursos a serem utilizados, geralmente, para esta época histórica, aqueles que vêm do universo das novas tecnologias da informação e da comunicação.

6) Ter atitude e postura profissionais: é o que chamamos de representações sociais, ou seja, aquilo que a sociedade espera de determinado profissional, em nosso caso, do professor. Ele deverá ter um **saber** que se desenrola do curso universitário até as formações continuadas; um **fazer**

que provenha das práticas didáticas adquiridas pelas experiências da docência; uma **ética** que respeite cada estudante, seus tempos e anseios, mas que ao mesmo tempo faça opções qualitativas daquilo que vai ser ensinado, sempre tendo em vista a qualificação do indivíduo a partir de uma aprendizagem significativa e com aplicação social. Desse modo, acontece o reconhecimento social do professor.

Refletiremos, agora, sobre as dificuldades, riscos e desafios da educação para este século, apresentando o valor do aprendizado ao longo da vida, que deverá responder às necessidades dos alunos e da sociedade a partir de um processo educacional que vise a qualidade do ensino, a formação dos professores e integração às novas tecnologias para que os alunos se capacitem a viver no atual mundo novo da globalização.

O mundo hodierno apresenta algumas dificuldades e riscos, por exemplo, o progresso científico e tecnológico fez a destruição do ambiente natural; enquanto alguns países passaram para a situação de em desenvolvimento, outros regrediram ficando incapazes de competir com o mercado internacional por não dominarem as novas tecnologias, além de correrem o risco de se transformarem em bolsões de miséria e de violência. Como já vimos, o grande risco da destruição do planeta pelas armas nucleares, a escassez de água, a emissão de gases e excesso de lixo deverão ser sanados, urgentemente, a partir de uma educação eficaz que terá o professor como um grande aliado. Diante dessa problemática, o desafio será colocar a ciência a serviço da humanidade, aprendendo-se a retirar os recursos do meio ambiente com sabedoria e respeitando-se a diversidade.

Com a mudança tecnológica, a escola não é mais a principal fonte de informação, por isso deverá ajudar o aluno a discernir as informações que recebe diariamente por meio dos computadores. É tarefa do professor interligar esses conhecimentos ao currículo, que deverá ter em sua base as questões ambientais, de saúde, a cultura e os valores humanos. Para isso não se pode deixar crescer a "desumanização" da cultura e dos valores. É por isso que o ensino deverá ser de qualidade, adaptado às necessidades sociais.

No século XXI é preciso buscar uma educação para todos por meio da elaboração de novos esquemas e modalidades próprios a cada segmento social. Problemas como a limitação de recursos, restrições impostas pelos ajustes da economia, falta de professores formados, fazem com que muitos não tenham acesso à educação. Na maioria das vezes, os grupos excluídos são: as minorias étnicas e religiosas, as populações de ilhas e montanhas distantes, as tribos nômades, os campos de refugiados, as crianças de rua e que trabalham. Esses grupos humanos têm de ser olhados com todo carinho pelos professores e autoridades competentes.

A educação de qualidade distingue-se pela formação e qualificação de professores, disponibilidade e qualidade dos materiais didáticos, edifícios e instalações escolares, saúde e nutrição dos alunos, natureza e eficácia da administração e gestão escolar. As escolas eficazes são aquelas que apresentam segurança e ordem; que dão ênfase à aquisição de competências planejadas para os alunos; que avaliam e acompanham os resultados frequentemente; que têm uma direção pedagógica e administrativa firme, apresentando objetivos definidos com utilização eficaz do tempo e apoio dos pais.

Diante dessa realidade, o professor do século XXI deverá ser formado por meio de um currículo multicultural que comporte o estudo de línguas, aprendizagem de análise crítica, resolução de conflitos, tendo por base a cooperação, para que assim possa levar para humanização os homens e as mulheres do nosso tempo.

Vejamos, agora, um gráfico que traz as características básicas dos professores para o século XXI:

8
Para concluir

Finalizando nossas reflexões, diremos, logo, que o professor do século XXI possui postura sociointeracionista e que na sua essência é inclusivo, pois detesta todas as formas de exclusões que dividem a humanidade em camadas sociais, diferenciadas pelo poder econômico e intelectual. O professor sociointeracionista sabe que os seres humanos, pela própria natureza, têm capacidade de galgar a sabedoria acumulada ao longo dos séculos por todas as culturas. Se muitos ainda não chegaram a esse conhecimento, foi por conta do egoísmo do próprio homem, que privou seu semelhante dos bens humanísticos, patrimônio de todos.

Ao longo da história, os conhecimentos foram sendo produzidos não apenas de forma cumulativa, isto é, do mesmo modo como se constrói uma torre – colocando pedra sobre pedra –, mas também, de modo dinâmico, com ressignificações sucessivas, em busca de representações viáveis e coerentes com o mundo das experiências humanas.

Essa construção, ao longo da história humana, nem sempre se deu de forma pacífica. Na realidade, ocorreu em meio a contradições sociais, com superação de vaidades, com frustrações individuais e com a contribuição de uma variedade de estudiosos e ativistas humanistas que perseguiram com destemor os seus ideais, mesmo que pagando caro por suas ideias inovadoras, com atitudes pacificadoras e corajosas. Por que não citar aqui Dom Oscar Romero, arcebispo assassinado em El Salvador por optar pelos mais fracos e excluídos da sociedade? Chico Mendes, líder sindicalista assassinado na Amazônia? Ir. Dorothy Stang, religiosa americana assassinada no Pará?... Grandes educadores de consciências que lutaram por um mesmo ideal: transmissão e preservação da cultura permeada pelo humanismo.

A escola, durante longo tempo, restringiu-se a ser um centro de transmissão de informações; agora, com as Novas Tecnologias da Informação e da Comunicação (NTICs), o foco se deslocou e ela passou a ser mediadora entre os conceitos prontos dados pela máquina e sua aplicação social.

Nos tempos hodiernos, a sociedade e a escola parecem estar despertando para uma nova realidade e já começam a emergir outros rumos para a educação neste início de terceiro milênio. O atual foco está na aquisição de habilidades e competências nos aspectos da afetividade, cognição, psicomotor que identifiquem o desempenho desse novo profissional.

Torna-se claro que, após alguns anos do término dos estudos escolares, esquecemos os conteúdos fragmentados de Física, Química, Matemática... Conteúdos que aprendemos, sobretudo, porque a metodologia foi feita tendo por base a memorização mecânica. Podemos, passado o período escolar, lembrarmo-nos de todos os afluentes do Rio Amazonas? Das ilhas caribenhas? Das funções morfossintáticas do "que" e do "se"? Muitos conteúdos ficaram; outros, por falta de uso, caíram no esquecimento.

O novo foco da educação formal (escolar) não abandona os conteúdos acumulados pela humanidade, mas os utiliza a fim de que os alunos adquiram habilidades novas e alcancem as competências exigidas para esse novo profissional do século XXI. *Aprender a aprender é o grande desafio a ser alcançado*; com capacidades de estabelecer relações significativas entre conteúdos novos, por meio dos processos mentais de comparação, de correlação, de aplicação, de síntese e de análise.

Sendo assim, a "escola forte" adquire outra conotação: é aquela que oferece oportunidade de se construir relações significativas num universo simbólico contextualizado. O que antes era enfatizado somente nos enunciados, agora é, também, no processo de enunciação que precisa ser aprendido e apreendido. A escola descontextualizada, antes vista como forte, neste momento recebe o atributo de fraca, pois se comprova que seu ensino não é mais eficaz, como foi em determinado período da história, pois o atual ensino deverá preparar os cidadãos para sobreviver em um mundo marcado por rápidas transformações sociais, tecnológicas e éticas.

Ao se evocar o professor sociointeracionista e a inclusão escolar, tentou-se, acima de tudo, abrir novos horizontes para as pesquisas nesses termos, visto que a teoria já é bem excessiva, mas a prática ainda "acanhada".

O anexo deste livro, situado logo após as referências, mostra-nos, de maneira esquemática e sinóptica, o trajeto feito pelas correntes pedagógicas ao longo da história da educação. Como vemos, as teorias cedem lugar a outras, porque estas se apresentam com argumentos mais fortes e sempre inseridos numa determinada época. O inatismo deu lugar ao empirismo, e este cedeu sua vez ao construtivismo, que se ampliou para o sociointeracionismo, o qual, agora, é acrescido com a nova didática e os recursos digitais do século XXI.

No atual período histórico, o saber deverá ser holístico e não fragmentado, a fim de que o aluno possa chegar a uma autorregulação de sua aprendizagem. A evolução do sistema educativo no mundo, pelo menos nestes vinte anos do nosso infante século, deverá passar da pura transmissão do conhecimento para uma crítica do mesmo, como também, das meras tecnologias informacionais para as "**tecnologias relacionais**".

O futuro da educação passa por *professores competentes, motivados, realizados* e, portanto, *extremamente felizes* para poderem tornar realizados e felizes, também, os seus alunos. As novas tecnologias contribuem sobremaneira, mas nunca substituirão os professores que mediam e dão sentido à nova informação. A formação docente deverá vislumbrar as necessidades de uma sociedade real, cuja lógica é o desenvolvimento da ciência e da tecnologia de forma acelerada para atender aos apelos dos que vivem para o mundo do trabalho, tendo em vista a emancipação humana, ou seja, a democratização do conhecimento e das oportunidades laborais. É preciso entender e saber usar as novas tecnologias que, como já dissemos, e agora repetimos, *nunca vão substituir a figura do professor*, pois os micros (as máquinas) que atuam, apenas, com sintaxe, nunca vão dominar a mente humana, essencialmente semântica e transformadora. Somente os seres humanos têm capacidade de reciclar, transformar, inventar e reinventar, produzir arte... Sem o professor não há ensino e, consequentemente, a inexistência da aprendizagem formal. O professor deverá ser um "garimpeiro"

sempre tentando lapidar suas pedras preciosas, os estudantes.
Aqui lembramos o Professor Fernando Azevedo:

> [...] moço eu estou nesse negócio de catar pedras faz bem uns 50 anos. Muita gente me dizia para largar disso – cadê coragem? Cada um tem que viver procurando alguma coisa. Tem quem procure paz, tem quem procure briga. Eu procuro pedras. Mas foi numa dessas noites da minha velhice que entendi por que nunca larguei disso; só a gente que garimpa pode tirar estrela do chão!"

Vemos, nessa bela metáfora do Professor Fernando Azevedo, quão valiosa é a nossa missão: garimpar a vida inteira para encontrar estrelas e fazê-las brilhar para sempre, os novos profissionais do Brasil, todos frutos do nosso trabalho docente.

O professor do século XXI articulará o conhecimento das diversas linguagens (verbais, semióticas, artísticas e matemáticas), utilizará, ainda, as novas tecnologias com os atuais paradigmas educacionais, com as fraternidades, tecendo uma rede de cordas bem fortes, presas pelos laços humanos do amor. Esse docente deverá preparar, juntamente com seus alunos, um mundo melhor para os josés e as marias que são paridos em todos os recantos do país; embaixo de pontes, protegidos por caixas de papelão, verdadeiros esquifes infantis. Esses deverão encontrar um lugar ao sol a partir dessa nova proposta pedagógica humanista, cooperativista e agregadora. Sem educação de qualidade para todos, com os novos métodos e práticas, o futuro não será brilhante e, infelizmente, continuará a segregação social.

O Brasil já acordou, pois já temos cursos de graduação nas universidades públicas e privadas que reelaboram seus currículos, para formação de professores, numa perspectiva mais sociointeracionista e adaptada às novas demandas das Tecnologias da Informação e da Comunicação. Esse novo professor feliz e inclusivo trabalha sempre em equipe, constrói o conhecimento em parceria com seus alunos e toda comunidade educacional; incentiva as múltiplas inteligências (artísticas, matemáticas, linguísticas) em todos os graus; promove um trabalho cooperativo, intersubjetivo, transparente, com sensibilidade voltada para o coletivo. Esse novo profissional do ensino deverá saber sobre a sua disciplina, sem perder de vista o todo (interdisciplinaridade), inter-relacionando-a com as outras. Deverá saber, ainda, sobre os modos de aprender, saber projetar suas escolhas e recursos curriculares, saber sobre tecnologias educativas, saber sobre colaboração... Não se esquecendo de trabalhar nas suas práticas didáticas características como: a humildade, o altruísmo, o respeito ao outro, a ética...

Baseado em palestra da Professora Tânia Zagury[18], sugerimos algumas ações docentes incentivadoras para as práticas didáticas desse período da história:

1) Relacionar aula à realidade.

2) Instigar a curiosidade.

3) Comentar avaliações e trabalhos corrigidos logo que forem realizados (sem deixar passar muito tempo).

4) Trazer para a discussão da sala de aula fatos recentes do mundo em geral e do entorno da escola ou residência dos alunos.

5) Utilizar os recursos multissensoriais.

6) Apresentar músicas ligadas aos temas de aula.

---

18 Palestra realizada em Caruaru-PE, no dia 29/08/15, nas comemorações dos 95 anos do Colégio Sagrado Coração.

7) Analisar filmes motivadores.

8) Ensinar assuntos complexos por partes....

Esse é, portanto, o desafio dos docentes para o século XXI. Um novo paradigma de aprendizagem para toda vida. Aprendizagem essa que se produz na constante busca pelo sentido e determinação do propósito com intencionalidade definida, o ensino significativo. Aprendizagem em todos os níveis:

- Aprender *a ser* (numa total dicotomia com o ter).
- Aprender *a conhecer* (saberes apreendidos pela cognição).
- Aprender *a fazer* (resolver e criar soluções).
- Aprender *a viver junto* (conviver e HUMANIZAR-SE).

Isso porque aprender não tem limites, pois, onde há vontade, há caminho. O professor da era da informação e sociointeracionista ensina para a transformação das realidades, tendo em vista a melhoria das situações de vida, de convivência e do progresso.

Para encerrar essas nossas reflexões sobre o novo paradigma de professor para o século XXI, citaremos o poema, SER PROFESSOR de Paulo Freire[19], que foi o precursor do que hoje vemos em educação e ainda estamos para ver.

Ser professor

É buscar, dentro de cada um de nós, forças para prosseguir, mesmo com toda pressão, toda tensão, toda falta de tempo...

Esse é o nosso exercício diário!

Ser professor é se alimentar do conhecimento e fazer de si mesmo uma janela aberta para o outro.

Ser professor é formar gerações, propiciar o questionamento e abrir as portas do saber.

---

19 *In mimeo.*

Ser professor é lutar pela transformação...
É formar e transformar,
através das letras, das artes, dos números...
Ser professor é reconhecer os limites do outro.
E, ainda assim, acreditar que ele seja capaz...
Ser professor é também reconhecer que todos os
dias são feitos para aprender...
Sempre um pouco mais...
Ser professor
É saber que o sonho é possível...
É sonhar com uma sociedade melhor...
INCLUSIVA
Onde todos possam ter acesso ao saber...
Ser professor é também reconhecer que somos,
acima de tudo, seres humanos
e que temos licença para rir, chorar, esbravejar
Porque assim também **ajudamos a pensar e
construir o mundo**[20].

Esse é o professor do século XXI que cheio de amor pela sua profissão assume o papel social mais sublime de uma sociedade: formar consciências honestas, humildes, humanas, fraternas, cooperativas, integradas, base para todas as profissões que têm no outro a sua única motivação de existir. E isso é cidadania!

Deus me deu a graça de viver feliz em dois "palcos". São eles: o altar, onde ofereço o Sacrifício de Jesus Cristo pela minha salvação e da humanidade e a sala de aula, lugar em que formo futuros cidadãos para intervirem neste terceiro milênio cristão que já chegou à "adolescência" e vislumbra a "vida adulta".

Empenhemos, caros professores e professoras, também você, amigo leitor, as armas do amor e dos valores humanos na construção da nova humanidade para o Brasil e para o mundo.

---

20 Grifo nosso.

9
Referências

ANTUNES, I. *Aula de Português*: encontro & interação. 8. ed. São Paulo: Parábola, 2003.

BAZARRA, L.; CASANOVA, O. & UGARTE, J.G. *Ser professor e dirigir professores em tempo de mudança*. São Paulo: Paulinas, 2006.

CÉSAR, A.C. & GALLO, Â.C.P. "A palavra gera o texto, o contexto influencia o texto". In: LIRA, B.C. (org.). *Reflexões linguísticas*. São Paulo: Paulinas, 2014, p. 141-170.

CHEVALLARD, Y. *La transposition didactique*: du savoir au savoir enseigné. Grenoble: La Pensée Sauvage, 1991.

CORTELA, M.S. *Pensatas pedagógicas* – Nós e a escola: agonias e alegrias. Petrópolis: Vozes, 2014.

FEITOSA, M.L.P. "Narrativas de vida: leitura, escrita e identidade". *Revista Contexto Educação*, ano 5, n. 8, jan.-jun./2014.

FREIRE, P. *A importância do ato de ler*: em três artigos que se completam. 42. ed. São Paulo: Cortez, 2001.

_____. *Pedagogia da autonomia* – Saberes necessários à prática educativa. 42. ed. São Paulo: Cortez, 2001.

HEINE, P. *Considerações sobre o hipertexto e os gêneros virtuais emergentes no seio da tecnologia digital* [Disponível em http://. inventario.ufba.br/04/04pheine.htm – Acesso em 25/06/15].

LINS, R.C. "Interpretando os gêneros textuais circulantes na sociedade hodierna". In: LIRA, B.C. (org.). *Reflexões linguísticas*. São Paulo: Paulinas, 2014, p. 197-224.

LIRA, B.C. *Leitura e recontextualização*: o discurso multicultural. São Paulo: Paulinas, 2010.

_____. *Alfabetizar letrando*: uma experiência na Pastoral da Criança. São Paulo: Paulinas, 2006.

LÜCK, H. *Pedagogia interdisciplinar*: fundamentos teórico--metodológicos. 7. ed. Petrópolis: Vozes, 1994.

MACHADO, L.B. "A formação docente e o compromisso com a formação social: dois olhares que se intercruzam". In: SILVA, A.M. et al. (orgs.). *Educação formal e não formal, processos formativos, saberes pedagógicos*: desafios para a inclusão social. Recife: Bagaço, 2006 [Anais do XIII Endipe].

MANTOAN, M.T.É. *Inclusão escolar*: O que é? Por quê? Como fazer? São Paulo: Moderna, 2003.

MORIN, E. *O problema epistemológico da complexidade*. Lisboa: Europa-América, 1985.

NEVES, L.O.R. "O professor, sua formação... e sua prática". *Net*, jun./2006 [Disponível em http://www.centrorefeducacio nal.com.br – Acesso em 12/06/2006].

NÓVOA, A. "Diz-me como ensinas, dir-te-ei que és e vice-versa". In: FAZENDA, I. (org.). *A pesquisa em educação e as transformações do conhecimento*. 2. ed. Campinas: Papirus, 1997.

NÓVOA, A. (org.). *Profissão professor*. 2. ed. Porto: Porto Ed., 1992.

PAPA FRANCISCO. *Laudato Si'* – Sobre o cuidado da casa comum. São Paulo: Paulus/Loyola, 2015.

SANTOS, B.S. *A construção multicultural da igualdade e da diferença*. Coimbra: Centro de Estudos Sociais, 1999 [Oficina do CES, 135].

SILVA, S. "A contribuição da Teoria Sociointeracionista de Vygotsky para a educação on line". *Net*, jun./2006 [Disponível em http://www.cefetsp.br – Acesso em 15/06/2006].

VYGOTSKY, L.S. *A formação social da mente* – O desenvolvimento dos processos psicológicos superiores. 6. ed. São Paulo: Martins Fontes, 1998 [Trad. de José Cipolla Neto et al.].

10

Anexo

Histórico das correntes pedagógicas ao longo da história

Concepção	Estudante	Conhecimento	Aprendizagem	Escola	Professor
INATISMO (Noam Chomsky) GERATIVISMO	O indivíduo considerado como pronto, possuidor de habilidades predeterminadas geneticamente. O pequeno linguista.	O indivíduo constrói o conhecimento a partir da maturação do que já está determinado em seu código genético.	Depende da maturação do sistema nervoso, para captar com eficácia os conteúdos abordados. Aprendizagem é um dom.	Reprodutora de conhecimento e detentora do saber.	Repassa os conteúdos a partir dos dons que os alunos já possuem para determinadas disciplinas.
EMPIRISMO (Skinner) BEHAVIORISMO	A aprendizagem a partir do treino (reforço positivo e negativo).	Por absorção daquilo que o rodeia.	Puramente um treino.	Educação bancária.	Diretivo, não levando em conta a singularidade e as experiências dos alunos.

CONSTRUTIVISMO (Jean Piaget) COGNITIVISMO	Ser ativo no processo de aprendizagem.	Síntese das experiências e informações provenientes da relação individual com o objeto cognoscente.	Aprendizagem contínua e sistemática (interação indivíduo-sujeito e objeto).	Interacionista.	Mediador.
SOCIO-INTERACIONISMO (Vigotsky)	Ser ativo; constrói e reflete interagindo nas relações interpessoais (meio e cultura).	Ocorre por meio das relações que se estabelecem entre a criança e o meio histórico.	Valoriza a capacidade individual e coletiva. Legitima o prazer para descobrir e aprender, valorizando os conhecimentos prévios.	Ativa, dinâmica e aberta para o encontro com a vida, interagindo com a família e demais atores do processo educativo. Cooperação e comunicação.	Mediador.
SÉCULO XXI NOVAS TECNOLOGIAS DA INFORMAÇÃO E COMUNICAÇÃO	• Digital. • Agilidade com os meios eletrônicos. • Conectado.	• Globalizado. • Rápido. • Constitui-se na interação com os outros e a máquina (computadores).	Favorecida pela informação, através dos computadores e mediada pelos professores que atribuem valores éticos e aplicação social.	Informatizada: • computadores; • data show; • lousa eletrônica; • smartphones; • tablets.	• Mediador. • Ensina para as diferenças. • Multicultural. • Respeita os tempos. • Ensina valores humanos. • Utiliza recursos da informática.

CULTURAL

Administração
Antropologia
Biografias
Comunicação
Dinâmicas e Jogos
Ecologia e Meio Ambiente
Educação e Pedagogia
Filosofia
História
Letras e Literatura
Obras de referência
Política
Psicologia
Saúde e Nutrição
Serviço Social e Trabalho
Sociologia

CATEQUÉTICO PASTORAL

Catequese
Geral
Crisma
Primeira Eucaristia

Pastoral
Geral
Sacramental
Familiar
Social
Ensino Religioso Escolar

TEOLÓGICO ESPIRITUAL

Biografias
Devocionários
Espiritualidade e Mística
Espiritualidade Mariana
Franciscanismo
Autoconhecimento
Liturgia
Obras de referência
Sagrada Escritura e Livros Apócrifos

Teologia
Bíblica
Histórica
Prática
Sistemática

VOZES NOBILIS

Uma linha editorial especial, com importantes autores, alto valor agregado e qualidade superior.

REVISTAS

Concilium
Estudos Bíblicos
Grande Sinal
REB (Revista Eclesiástica Brasileira)
SEDOC (Serviço de Documentação)

VOZES DE BOLSO

Obras clássicas de Ciências Humanas em formato de bolso.

PRODUTOS SAZONAIS

Folhinha do Sagrado Coração de Jesus
Calendário de mesa do Sagrado Coração de Jesus
Agenda do Sagrado Coração de Jesus
Almanaque Santo Antônio
Agendinha
Diário Vozes
Meditações para o dia a dia
Encontro diário com Deus
Guia Litúrgico

CADASTRE-SE
www.vozes.com.br

EDITORA VOZES LTDA.
Rua Frei Luís, 100 – Centro – Cep 25689-900 – Petrópolis, RJ
Tel.: (24) 2233-9000 – Fax: (24) 2231-4676 – E-mail: vendas@vozes.com.br

UNIDADES NO BRASIL: Belo Horizonte, MG – Brasília, DF – Campinas, SP – Cuiabá, MT
Curitiba, PR – Florianópolis, SC – Fortaleza, CE – Goiânia, GO – Juiz de Fora, MG
Manaus, AM – Petrópolis, RJ – Porto Alegre, RS – Recife, PE – Rio de Janeiro, RJ
Salvador, BA – São Paulo, SP